WILLIAM H. TAFT
Ex Presidente de los Estados Unidos
Ex Presidente de la Corte Suprema de EE.UU.

LA PRESIDENCIA
SUS DEBERES, SUS PODERES, SUS OPORTUNIDADES Y SUS LIMITACIONES

EDICIÓN AL CUIDADO DE
CARLOS ANTONIO AGURTO GONZÁLES
SONIA LIDIA QUEQUEJANA MAMANI
BENIGNO CHOQUE CUENCA

PRESENTACIÓN POR
ALLAN R. BREWER-CARÍAS
Profesor emérito de la
Universidad Central de Venezuela

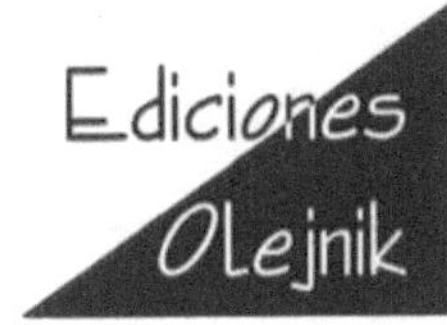

LA PRESIDENCIA SUS DEBERES, SUS PODERES, SUS
OPORTUNIDADES Y SUS LIMITACIONES

© WILLIAM H. TAFT

© Traducción de M. G. PURÓN

© Ediciones Olejnik
Huérfanos 611, Santiago-Chile
E-mail: contacto@edicionesolejnik.com
Web site: http://www.edicionesolejnik.com

Primera edición en Ediciones Olejnik: 2020

ISBN: 978-956-392-756-6

Diseño de Carátula: Ena Zuñiga
Diagramación: Janett Ruiz Rebaza

La presidencia sus deberes, sus poderes, sus oportunidades y sus
limitaciones
De William H. Taft, primera edición de Ediciones Olejnik se imprimió en la
República de Argentina en octubre de 2020

ÍNDICE

PRESENTACIÓN
SOBRE EL SISTEMA PRESIDENCIAL DE GOBIERNO, SUS ORÍGENES Y DESARROLLO

Allan R. Brewer-Carías
Profesor emérito de la Universidad Central de Venezuela

Este breve libro sobre *La Presidencia; sus poderes, sus deberes, sus oportunidades y sus limitaciones*, que ahora re-publica la Editorial Olejnik, puede considerarse como un extraordinario y único manual teórico-práctico sobre el sistema presidencial de gobierno de los Estados Unidos, y sobre su funcionamiento, escrito por alguien con conocimiento de causa, por William Howard Taft (15 de septiembre de 1857 – 8 de marzo de 1930), quien fue el Veintisieteavo Presidente de los Estados Unidos (1909–1913) y, además, fue el Décimo Chief Justice (1921–1930). Taft ha sido, además, la única persona en la historia de su país, en haber ejercido esos dos altos cargos.

Para acometer la tarea de escribir este trabajo, Taft, además, tenía la formación necesaria para plasmar en el libro toda su experiencia, pues había estudiado derecho en la Universidad de Yale y en la Universidad de Cincinnati, y había ejercido la profesión de abogado en Ohio, ocupando además, cargos en el área judicial en Cincinnati. De allí pasó posteriormente a ocupar otros importantes cargos a nivel federal, tanto en el Poder Ejecutivo como en el Poder Judicial de su país, que le dieron la experiencia necesaria en materia de gobierno, y entre ellos, el de *Solicitor General* (1890-1892), el de Juez de la Corte de Apelaciones del Sexto Circuito (1992-1990), el de Gobernador General de Filipinas (1901-1902), el de Gobernador Provisional de Cuba (1906), y el de Secretario de Guerra (1904-1908) durante el gobierno de Theodore Roosevelt, a quien sucedió en la Presidencia.

Luego del ejericio de su cargo, en un tiempo particularmente convulso en el mundo (1909-1913), Tarf aceptó la posición de *Kent Professor of Law and Legal History* en la Universidad de Yale, donde había estudiado, la cual comenzó en 1913, preparando y dando una serie de conferencias sobre *Questions of Modern Government*. En ese mismo año salió publicado su libro *Popular Government*, New Haven, Yale University Press (1913). Siguió en su actividad docente dando conferencias y discursos, y en 1916 publicó otro libro *Our Chief Magistrate and His Powers*, New York City, Columbia University Press, 1916.

Este libro sobre *La Presidencia*, es el resultado de otro conjunto de conferencias que Taft dio en ese mismo de 1916 en la Universidad de Virginia, referidas al mismo tema del funcionamiento del gobierno presidencial, específicamente a la Presidencia de los Estados Unidos,y, en particular, a las diferencias entre los sistemas presidencial y parlamentario de gobierno, tomando en cuenta que el primero, de creación norteamericana, fue el que luego se generalizó en toda América Latina, basado en el principio de la separación de poderes, y que atribuye la acción de gobierno a un Presidente electo popularmente, para cuyo ejercicio no depende del voto de confianza del Congreso, cuyos miembros también son electos popularmente.

Este sistema contrasta con el sistema parlamentario de gobierno, en el cual, aún cuando también montado sobre el mismo principio de la separación de poderes, la única institución con legitimidad democrática es el Parlamento, de cuya confianza depende el gobierno. La diferencia básica entre uno y otro sistema, por tanto, radica en la relación entre el gobierno y el parlamento. En el sistema presidencial, ambos órganos, gobierno y parlamento, son relativamente independientes el uno del otro; en el sistema parlamentario, en cambio el gobierno deriva y depende del Parlamento

Sin embargo, a pesar de sus diferencias, como se dijo ambos sistemas tienen como fundamento institucional común, el principio de la separación de poderes, el cual como principio limitativo del poder frente al Estado Absoluto, se encuentra en el inicio de la configuración del moderno Estado de Derecho, tal y como derivó de los principios que desarrollaron los teóricos del absolutismo, principalmente Locke, Montesquieu y Rousseau.[1] Por ello, como lo ha señalado Diego Valadés, en definitiva, "en los Estados constitucionales el único común denominador consiste en controlar eficientemente al poder para garantizar el espacio de libertades individuales y colectivas, así como las relaciones de equidad entre los miembros de la sociedad."[2]

Alguno antecedentes teóricos

En efecto, John Locke, teórico del sistema político que había resultado de la Gloriosa Revolución inglesa de 1689, en su *Two Treaties of Government* (1690), fue el primer ideólogo que se pronunció contra el absolutismo, al abogar por la limitación del poder político del Monarca. Su propuesta partió de la consideración de la condición natural del hombre y del contrato social que habría dado origen al Estado. Según Locke, los hombres entraron en un contrato social con el objeto de proteger

---

1   Véase sobre lo que sigue Allan R. Brewer-Carías, *Orígenes del constitucionalismo moderno en Hispanoamérica, Colección Tratado de Derecho Constitucional,* Tomo II, Fundación de Derecho Público, Editorial Jurídica Venezolana, Caracas 2014, Editorial Jurídica Venezolana, Caracas 1996.

2   Véase Diego Valadés, *El gobierno de gabinete,* Instituto de Investigaciones Jurídicas, UNAM, México 2005, p. 2

sus vidas, libertades y posesiones, los tres bienes básicos que calificó, en general, como "propiedad". Esta "propiedad" es la que le dio al hombre su *status* político; o según sus palabras:

> porque libertad es ser libre de presiones y violencias por parte de otros; lo que no sucede allí donde no hay Ley. Pero la libertad no es, tal y como se nos enseñó, la libertad de disponer y ordenar como se desee de su persona, acciones, posesiones y de toda su 'propiedad'[3].

Naturalmente, este contrato social, tal y como lo concibió Locke, cambió la condición natural del hombre, impidiendo la formación de gobiernos en los cuales el hombre se encontrara en un situación peor que la que tenía con anterioridad. En consecuencia, un gobierno absoluto no se podía considerar como un gobierno civil e ilegítimo. Si el Estado surgió como protector de los "derechos naturales" que no desaparecieron con el contrato social, su opresión o desaparición debido a la acción de un Estado absoluto, justificaba la resistencia de los hombres frente al abuso de poder[4].

En esta concepción del Estado, el poder de sus autoridades, por tanto, debía ser limitado. Por ello, dentro de las medidas concebidas para racionalizar y limitar el poder, Locke desarrolló su clásica fórmula de distribución de las funciones del Estado, considerando algunas de esas funciones, como poderes. En el párrafo 131 de su libro *Two Treaties of Government,* expresó lo siguiente:

> ...y quien quiera que tenga el poder legislativo o supremo de cualquier Comunidad organizada está compelido a gobernar mediante las leyes establecidas, promulgadas y conocidas por todos y no por decretos extemporáneos; mediante jueces imparciales y justos quienes deben decidir las controversias conforme a esas leyes; y a emplear la fuerza de la Comunidad en el orden interno, sólo en ejecución de dichas Leyes, o en el extranjero para prevenir o corregir daños provocados por extranjeros y proteger a la Comunidad de incursiones e invasiones"[5].

En esta forma, Locke distinguió cuatro funciones del Estado: la de legislar, la de juzgar, la de hacer uso de la fuerza en el orden interno en ejecución de las leyes, y la de emplear la fuerza en el extranjero, en defensa de la comunidad. A la primera función, la de hacer las leyes, le asignó el nombre de *Poder Legislativo* "al cual los demás poderes están y deben estar subordinados"[6]; a la tercera función, la denominó *Poder Ejecutivo,* comprendiendo "la ejecución de las leyes municipales de la sociedad den-

---

3   Véase J. Locke, *Two Treaties of Government,* (ed. Peter Laslett). Cambridge, 1967, párrafo 57, p. 324.

4   *Idem.,* p. 211

5   *Idem.,* p. 371.

6   *Idem.,* párrafos 134, 149, 150, pp. 384, 385. Véase los comentarios de Peter Laslett, "Introducción", p. 117.

tro de ella misma y por sobre sus componentes"[7]; y la cuarta función, que denominó *Poder Federativo,* incluía el "poder de la guerra y de la paz, las ligas y alianzas de los acuerdos con todas las personas o comunidades fuera del Estado"[8].

De todas las funciones que le asignó al Estado soberano, la única que no consideró como un "poder" fue la *función de juzgar,* respecto de la cual, Peter Laslett, en su Introducción al libro de Locke, expresó que en su concepción esta: "no era un poder separado, pues era un atributo general del Estado"[9].

En este esfuerzo por racionalizar las funciones del Estado, la novedad, en su época, de la tesis de Locke, residió en la distinción hecha entre la facultad de legislar (Poder Legislativo) y la de utilizar la fuerza en la ejecución de las Leyes (Poder Ejecutivo). En este contexto, no era necesario individualizar el poder de juzgar atribuido a funcionarios imparciales que, específicamente en Inglaterra, realizaban una función tradicional en la sociedad organizada.

En todo caso, es importante observar que Locke se limitó a racionalizar y sistematizar las funciones del Estado Soberano, no formulado en realidad, "teoría" alguna sobre la división del poder, y mucho menos sobre su separación. Es más, de la obra de Locke no se puede inferir tesis alguna en el sentido de que propugnara que el poder del Estado tenía que estar en manos distintas con el objeto de preservar la libertad o garantizar los derechos individuales[10]. Sin embargo, sí admitió que si las funciones se llegaban a distribuir en diferentes manos, se podría obtener un equilibrio; tal y como lo mencionó en su libro: "equilibrar el poder del Gobierno colocando las diversas partes en manos diferentes"[11].

Quizá la contribución fundamental de Locke al principio de distribución del poder residió en su criterio de lo que llamó poderes Ejecutivo y Federativo que debían necesariamente estar en las mismas manos[12], así como en su criterio de la *supremacía del Poder Legislativo* sobre los demás, al punto en que las funciones ejecutiva y judicial debían realizarse en ejecución y de conformidad con las leyes sancionadas y debidamente publicadas[13]. Para Locke, esta supremacía del Poder Legislativo era, precisamente, la consecuencia de la supremacía del Parlamento sobre el Monarca, como resultado de la Gloriosa Revolución de 1689.

---

7   *Idem.,* p. 177.

8   *Idem.,* p. 338. Con respecto al nombre que Locke le dio a este poder, expresó: "si a alguien le gusta. Y para que resulte claro, el nombre me es indiferente", *ídem.,* p. 383.

9   Véase P. Laslett, "Introducción", *loc. cit.,* p. 118.

10   *Idem.,* pp. 117-118.

11   *Idem.,* pp. 107, 850.

12   *Idem,* p. 118.

13   Véase M. J. C. Vile, *Constitutionalism and the separation of Powers,* Oxford, 1967, p. 36. Como lo decía Locke: "Sólo puede existir un poder supremo, a saber el Legislativo, al que todos los demás tienen y tendrán que subordinarse" ..."porque el que puede dar leyes a otro debe necesariamente ser superior", Cap. XIII, pp. 149-150.

Ahora bien, esta teoría de la distribución del poder que tuvo tanta influencia en el constitucionalismo moderno, al convertirse durante las Revoluciones Norteamericana y Francesa del siglo XVIII, en una división del poder y más precisamente en una "separación de poderes", tuvo su formulación fundamental en los también muy conocidos trabajos de Carlos Secondat, Barón de Montesquieu.

Según Montesquieu, la libertad política sólo existía en aquellos Estados en los que el Poder del Estado, conjuntamente con las funciones correspondientes, no se encontraba en manos de la misma persona o del mismo cuerpo de magistrados[14]. Esa es la razón por la cual, en su famoso trabajo *De l'Esprit des Lois, insistió* en que:

Es una experiencia eterna que todo hombre que tiene poder tiende a abusar de él; y lo hace hasta que encuentra límites... Para que no se pueda abusar del poder es necesario que por la disposición de las cosas, el poder limite al poder[15].

A partir de su estudio comparado sobre los diferentes Estados que existían en la época (1748), Montesquieu llegó a la conclusión de que Inglaterra era el único Estado cuyo objetivo primordial era la libertad política, y esa es la razón por la que en el muy conocido capítulo VI del volumen XI de su libro, al estudiar la "Constitución de Inglaterra", formuló su teoría sobre la división del Poder en tres categorías:

La potestad legislativa, la potestad ejecutiva de las cosas que dependen del derecho internacional y la potestad ejecutiva de aquellos que dependen del derecho civil. Mediante la primera, el Príncipe o el magistrado hacen las leyes por un período de tiempo o para siempre. Mediante la segunda, hace la paz o la guerra o envía o recibe embajadores, establece la seguridad, previene las invasiones. Mediante la tercera castiga los crímenes, juzga los conflictos entre los particulares. Esta última se puede denominar la potestad de juzgar y la otra, simplemente la potestad ejecutiva del Estado[16].

Siguiendo el ejemplo de Locke, Montesquieu, en realidad, también definió diferentes funciones o potestades del Estado: la potestad de hacer las leyes, la potestad de juzgar y la potestad ejecutiva, englobado en esta última, las funciones que Locke había calificado como poder federativo y poder ejecutivo.

Sin embargo, la innovación de la división del Poder en Montesquieu, y lo que lo distinguió del enfoque de Locke fue, por una parte, su proposición de que para garantizar la libertad, las tres potestades no debían encontrarse en las mismas manos; y por la otra, en que en su división del poder, todas debían estar en un mismo nivel de igualdad pues de otra manera, el poder no podría frenar al poder. En el mismo Capítulo VI del Volumen XI *De l'Esprit des Lois,* Montesquieu expresó que:

---

14   Véase A. Passerin d'Entrèves, *The Notion of State. An Introduction to Political Theory,* Oxford, 1967, p. 120.

15   Véase Montesquieu, *De l'Esprit des Lois* (ed. G. Truc). París, 1949, Vol. I, Libro XI, Cap. IV, pp. 162-163.

16   *Ídem.,* Vol I, pp. 163 y ss.

Cuando la potestad legislativa está reunida con la potestad ejecutiva en la misma persona o en el mismo cuerpo de magistrados, no hay libertad alguna... Así como tampoco hay libertad alguna si la potestad de juzgar no está separada de la potestad legislativa y ejecutiva...

Todo estaría perdido si el mismo hombre o el mismo cuerpo de magistrados, o de nobles, o del pueblo, ejercieran esos tres poderes; el de elaborar las leyes, el de ejecutar resoluciones públicas y el de juzgar los deseos o conflictos de los particulares[17].

Por ello, agregaba,

"los Príncipes que han querido convertirse en despóticos han comenzado siempre por reunir en su persona todas las magistraturas...".

"Estas tres potencias deberían —además— formar un reposo o una inacción. Pero como por el movimiento necesario de las cosas, ellas deben andar, ellas estarían forzadas de andar concertadamente"[18].

Dentro de esta concepción, por supuesto, también estaba presente el concepto de libertad, conforme al mismo punto de vista de Locke. Montesquieu, incluso, afirmó en términos muy similares a los empleados por Locke, que:

Es cierto que en las democracias, el pueblo parece hacer lo que quiere; pero la libertad política no consiste en hacer lo que se desea. En un Estado es decir, en una sociedad donde existen leyes, la libertad sólo puede consistir en el poder de hacer lo que se debe querer y en no ser obligado a hacer lo que no se debe querer[19].

Pero, en contraste con lo que sucedía en aquél entonces en Inglaterra, cuya Constitución analizaba Montesquieu, y donde después de la Gloriosa Revolución el Parlamento había asegurado su Supremacía, en su concepción de la división del poder, no había proposición alguna que otorgase superioridad a una potestad pública sobre otra, aún cuando al definir la potestad legislativa, como "la voluntad general del Estado" y la potestad ejecutiva, como "la ejecución de esa voluntad general"[20], podría deducirse que esta última, al consistir en la ejecución de la anterior, podía quedar sujeta a la voluntad de la primera. Esto, sin embargo, en ningún caso podía entenderse en el sentido de subordinación política.

---

17   *Idem.*, Vol. I, p. 164. En el mismo Cap. VI. libro XI, Montesquieu añadió que "Cuando (el poder judicial) se une al legislativo, la vida y la libertad del sujeto se verá expuesta al control arbitrario; porque el juez será en ese momento legislador. Cuando se une al poder ejecutivo, el juez puede comportarse con violencia y opresión". *Cfr.* Ch. H. McIlwain, *The High Court of Parliament and its Supremacy,* Yale, 1910, pp. 322-323.

18   Véase Montesquieu, *De l'Esprit des Lois,* (G. Tunc ed.), París, 1940, Vol. I, p. 169

19   *Idem.*, Vol. Libro XI, Cap. III, p. 162.

20   *Idem.*, Vol. I, p. 166.

Por el contrario, Montesquieu concibió las tres potestades tan iguales que así podían frenarse mutuamente, como la única forma posible de cooperación en beneficio del mantenimiento de la libertad política. Esta es la razón por la cual Montesquieu concluyó con su famosa proposición de que:

estas tres potestades deberían constituir un descanso o una inacción. Pero, como por el movimiento necesario de las cosas, ellas deben avanzar necesariamente, están obligadas a hacerlo en concierto[21].

Resulta claro, en todo caso, que tanto la concepción de Montesquieu como la de Locke fueron formuladas bajo el absolutismo. Ambos eran teóricos de la Monarquía Absoluta y es por ello que sus concepciones sobre la división del poder del Soberano, eran más una doctrina jurídica que un postulado político; en otras palabras, las teorías que formularon no respondían a la pregunta de quién debía ejercer la Soberanía, sino sobre cómo debía organizarse el poder para alcanzar ciertos objetivos[22].

Pero además de las contribuciones de Locke y de Montesquieu, para la elaboración del principio de la limitación del poder, la concepción de Rousseau sobre la ley también ocupó un lugar preeminente en la teoría política que condujo a la reacción contra el Estado Absoluto y al surgimiento del Estado de Derecho. Esta concepción derivó en el postulado de la subordinación del Estado a la Ley, que sus propios órganos dictan. Es decir, permitió que surgiera el principio de legalidad y la consolidación del Estado de Derecho.

En efecto, tal como lo expresara Rousseau, el pacto o contrato social es la solución dada al problema de encontrar una forma de asociación:

que defienda y proteja, con toda la fuerza común, la persona y los bienes de cada asociado, y mediante la cual cada uno, unidos a todos, sólo obedezca a sí mismo y permanezca con la misma libertad de antes[23].

En esta forma se realizó "la transición del estado natural al estado civil"[24]. Pero como el mismo Rousseau lo señalara, si bien "a través del pacto social hemos dado existencia y vida al cuerpo político; ahora se trata de darle el movimiento y la libertad, mediante la legislación"[25].

En esta forma, y esa fue la innovación de su proposición, las leyes, como forma de manifestación del Soberano son las que le dan movimiento y voluntad al Estado, producto del pacto social, en tanto en cuanto se trata de "actos de la voluntad general que estatuyen sobre una materia general". Rousseau, entonces,

---

21   *Idem.*, Vol. I, p. 172.

22   Véase A. Passerin d'Entrèves, *op. cit.*, p. 121.

23   Véase J. J. Rousseau, *Du contrat Social*, (ed. Ronald Grimsley), Oxford 972, Libro I. Cap. VI, p. 114.

24   *Idem.*, Libro I, Cap. VIII, p. 19.

25   *Idem.*, Libro II, Cap. V, p. 134.

no sólo construyó la teoría de la ley como "acto de la voluntad general", a cuyas disposiciones deben someterse todas las actuaciones de los particulares, sino que estableció el principio de la generalidad de la ley, el cual, en consecuencia, permitió la reacción contra los privilegios, que también es otro de los elementos básicos del Estado de Derecho[26].

Sin embargo, Rousseau limitó a dos las funciones del Estado: hacer las leyes y ejecutarlas, a las cuales calificó, conforme a la terminología de Montesquieu, como potestad legislativa y potestad ejecutiva[27]. Pero aquí tampoco se trataba de una doctrina de la separación de poderes, sino, conforme a las orientaciones de Locke y Montesquieu, de una doctrina de la división del poder, que es uno solo: el del Soberano, que resultaba del pacto social o de la integración de la voluntad general[28].

Rousseau tampoco estaba a favor de colocar ambas funciones del poder -la expresión de la voluntad general a través de las leyes y la ejecución de dichas leyes- en las mismas manos. Por consiguiente, adoptando el mismo enfoque que Montesquieu, también recomendó que dichas funciones fuesen ejercidas por diferentes cuerpos, aun cuando a diferencia de Montesquieu, insistió en la necesaria subordinación que debía tener quien ejecutaba la ley, en relación a quien la elaboraba. Según el enfoque de Locke y dentro del sistema inglés esto permitió garantizar la subsiguiente supremacía del Parlamento, de la legislación y la Ley, luego desarrollada en Europa continental. Además, sin duda, la supremacía de la Ley iba a transformarse en la piedra angular del Derecho Público dentro del marco del Estado de Derecho en Europa, permitiendo el desarrollo del principio de igualdad, particularmente con respecto al Gobierno.

En este aspecto, Rousseau también coincidió con Montesquieu. De hecho, Rousseau expresó: "yo denomino en consecuencia, República, todo Estado regido por leyes"[29]. Por su parte, Montesquieu también estableció como base de la existencia del "Estado" el que hubiera leyes, señalando "En un Estado, es decir, en una sociedad en la que existen leyes..."[30].

El efecto de las revoluciones Francesa y Americana

Puede afirmarse, en general, que las obras de Locke, Montesquieu y Rousseau configuraron todo el arsenal teórico-político para la reacción en contra, del Estado absoluto y su sustitución por un Estado que actuaba conforme a derecho, basado en la separación de poderes como garantía de la libertad. Esta reacción se produjo en América del Norte, con la Revolución de Independencia (1776),y en Europa

---

26   *Idem.,* Libro II, Cap. V, p. 136.

27   *Idem.,* Libro II, Cap. I, p. 153.

28   Véase R. Grimsley, "Introduction", en Rousseau, *op. cit,* p. 35.

29   *Idem.,* Libro III, Cap. VI.

30   Véase Montesquieu, *op. cit.,* Libro IX, Cap. III, p. 162.

continental, con la Revolución Francesa (1789), basadas en la exaltación del individualismo y de la libertad[31].

En efecto, todas las teorías antes mencionadas se basaron en el análisis de la condición natural del hombre y en la configuración de un pacto o contrato social, que establecía un Soberano como mecanismo para proteger la libertad. Esta fue la base para la subsiguiente exaltación del individualismo y la consagración de los derechos, no sólo de los ciudadanos de un Estado en particular, sino también del Hombre, con la consecuente construcción del liberalismo político y económico.

Igualmente se consideró necesario el que el poder del Estado, como producto de pacto social, también se dividiera y racionalizara a fin de evitar que el Soberano abusara de ese poder. Con ese fin, las funciones del Estado fueron sistematizadas y el poder dividido, abriéndose así, camino para la adopción de una fórmula diferente y más radical: la "separación de poderes", como una *garantía de la libertad*.

Madison lo señaló al comienzo del constitucionalismo americano al indicar:

La acumulación de todos los poderes, legislativo, ejecutivo y judicial en las mismas manos, bien sea de uno, de pocos o de muchos, ya sea hereditario, auto-otorgado o electivo, puede considerarse justamente, como la definición de la Tiranía[32].

Esa es la razón por la cual el principio de la separación de poderes, fue uno de los elementos esenciales de la Constitución americana. Por ejemplo, la Constitución de Massachussets de 1780 contenía expresiones categóricas, como la siguiente:

En el gobierno de esta Comunidad, el departamento legislativo no deberá ejercer los poderes ejecutivo y judicial, o alguno de ellos. El ejecutivo nunca deberá ejercer los poderes legislativo y judicial, o alguno de ellos, El judicial nunca deberá ejercer los poderes legislativo y ejecutivo, o alguno de ellos. En fin, debe ser un gobierno de leyes, no de hombres' [33].

Además, se consideraba que el poder del Soberano (el pueblo) se actualizaba con la elaboración de las leyes, las cuales no sólo eran indispensables para la existencia

---

31   Véase para lo que sigue Allan R. Brewer-Carías *Reflexiones sobre la revolución norteamericana (1776), la revolución francesa (1789) y la revolución hispanoamericana (1810-1830) y sus aportes al constitucionalismo moderno*, Tercera edición ampliada, Ediciones Olejnik, Buenos Aires, Santiago de Chile, Madrid 2019.

32   Véase J. Madison, *The Federalist*, (ed. B. F. Wright) Cambridge Mass, 1961, N° 47, p. 336.

33   Art. XXX, *Massachusetts General Law Anotated*, St. Paul, Minn. Vol. 1-A, p. 582. En 1776, la Constitución de Virginia también tenía una declaración sobre la separación de poderes, considerado como "la afirmación más precisa de la doctrina que había aparecido en la época". M. J. C. Vile, *op. cit.*, p. 118. El artículo 3 de la Constitución expresaba: "Los poderes Legislativo, Ejecutivo y Judicial estarán separados y diferentes, de manera que ninguno ejerza poderes que pertenezcan en propiedad a los demás; ninguna persona tampoco ejercerá los poderes de más de uno de esos al mismo tiempo, salvo respecto de los magistrados de tribunales de condado quienes podrán ser elegibles a cualquier Cámara del Parlamento".

del Estado mismo, sino que eran una garantía de la libertad civil y política; por ello, la función legislativa ejercida por los representantes del Soberano, ocupaba una posición superior en relación a las demás funciones ejecutivas.

En consecuencia, en este concepto que surgió de la Revolución francesa, todos los actos, tanto de los órganos del Estado como de los particulares, estaban sujetos a la ley, entendiéndose por ley, un acto de la voluntad general. Ello dio origen al principio de la legalidad.

En consecuencia, el Estado de Derecho y el liberalismo se basaron en los conceptos de libertad, de separación de poderes, de supremacía de la ley y del principio de legalidad. Como resultado, desde su origen, la esencia del Estado de Derecho, a diferencia del Estado Absoluto, descansó en el principio de la subordinación del Estado y de su Administración a la legalidad, en otras palabras, de la sumisión necesaria del Estado a la ley, la cual establecía límites al poder.

Sin embargo, dicha subordinación no siempre estuvo garantizada en forma definitiva, en los países europeos que adoptaron el modelo de Estado de Derecho. Por ejemplo, la concepción en forma extrema del principio de la separación de poderes en Francia, en sus inicios, impidió toda interferencia de un poder respecto de otro, de manera que el poder judicial no podía garantizar a los individuos que los órganos ejecutivos estarían subordinados a la legalidad. Prueba de ello fue la famosa Ley sobre Organización Judicial del 16/24 de agosto de 1790 que estableció lo siguiente:

> Las funciones judiciales están y siempre deberán estar separadas de las funciones administrativas. Cualquier interferencia por parte de los jueces en las actividades de los cuerpos administrativos, o cualquier citación enviada por dichos jueces a los administradores, por motivos relacionados con sus funciones, constituirán una violación de sus deberes[34].

Posteriormente, la Ley de 16 Fructidor del año III (1795), ratificó que "Los jueces, bajo pena de ley, tienen la prohibición de conocer de actos administrativos, sea cual sea su naturaleza"[35].

Como resultado de esta concepción extrema de la separación .de poderes, en Francia, la jurisdicción administrativa se tuvo que configurar paulatinamente como una jurisdicción separada del orden judicial para juzgar a la Administración. Si los jueces incurrían en prevaricación si interferían en las funciones administrativas; para poder juzgar los actos administrativos tuvo que configurarse una jurisdicción especial, diferente y separada del Poder Judicial, inicialmente inserta dentro de la Administración y que en su evolución culminó con la atribución de funciones jurisdiccionales al Consejo de Estado.

---

34   Véase J. Rivero, *Droit Administratif*, París, 1973, p. 129; J. M. Auby y R. Drago, *Traité du Contentieux Administratif*, París, 1984, Vol. I, p. 379.

35   Véase J. Rivero, *op. cit.*, p. 129.

Por otra parte, como consecuencia del concepto de supremacía del Parlamento y de la Ley que resultó de la Revolución francesa, cualquier tipo de control sobre la constitucionalidad de las leyes en Europa, era inconcebible, y ello resultó así hasta los inicios de este siglo. Incluso, aún en la actualidad en Francia no existe un sistema de control directo a *posteriori* de la constitucionalidad de las leyes (es decir respecto de leyes promulgadas); y sólo fue en los períodos de postguerra, en los años veinte y a partir de los cuarenta, cuando se establecieron en otros países europeos, sistemas de control jurisdiccional de la constitucionalidad de las leyes, lo que aún sigue siendo inconcebible en el sistema constitucional británico.

En todo caso, durante el siglo pasado y el presente siglo, la evolución del principio de separación de poderes y de la supremacía del legislador condujo paulatinamente a la subordinación del Estado y de todos sus órganos a la ley y a la legalidad, y al establecimiento de controles jurisdiccionales para ese fin, bien sea a través de tribunales especiales, creados en forma separada del Poder Judicial, o a través de Tribunales integrados al mismo. Esa subordinación y este control condujeron, a finales del siglo pasado, al verdadero nacimiento del Derecho Administrativo en Europa e incluso en Inglaterra, como una rama autónoma de las ciencias jurídicas, producto, sin duda, del afianzamiento del Estado de Derecho. Este Estado sometido a la legalidad es una victoria irreversible del Estado de Derecho, implantada en el mundo entero.

En todo caso, las características de la aplicación del principio de la separación de poderes naturalmente han variado de un país a otro; su fundamentación original y exigencia permanente, es decir, la garantía de la libertad, a veces se ha olvidado; y, en muchos casos, incluso, se ha empleado para situaciones que no se habían contemplado originalmente[36]. En Inglaterra, por ejemplo, la separación de poderes se ha mantenido, pero basada en la supremacía del Parlamento sobre los diferentes órganos del Estado, de manera que los Tribunales están sujetos al Parlamento, una de cuyas Cámaras, incluso, actúa como una Alta Corte; permitiéndose a los Tribunales la posibilidad de controlar sólo a las autoridades administrativas.

El principio de la separación de poderes también ha prevalecido en los Estados Unidos de Norteamérica y en los Estados de América Latina, pero con el objetivo de separar claramente las funciones legislativa y ejecutiva, y permitir a la Corte Suprema, incluso, declarar la inconstitucionalidad de actos del Congreso.

En Francia, dicho principio se desarrolló inicialmente para hacer suprema a la Asamblea Nacional, llevándose la separación de poderes, como se ha dicho, al extremo de impedir que los tribunales ordinarios controlasen la legalidad de los actos administrativos, y eliminándose toda posibilidad de control a posteriori de la constitucionalidad de los actos del legislador.

---

36   Véase I. Jennings, *The Law and the Constitution*, Londres, 1972, pp. 25-28.

La Constitución norteamericana puede considerarse como un ejemplo del principio de la separación de poderes, aun cuando no contiene norma alguna destinada especialmente a regularla. Sin embargo, este principio resulta evidente de varias de sus normas que estipulan, por ejemplo, que todos los poderes legislativos le son confiados al Congreso; que el Poder Ejecutivo se le confiere al Presidente; y que el Poder Judicial de los Estados Unidos está en manos de la Corte Suprema[37]. La rigidez de la separación de poderes también resulta evidente del hecho de que el Gabinete ejecutivo es completamente independiente del Congreso, con el cual no mantiene una comunicación formal[38].

En todo caso, el principio ha sufrido numerosos cambios debido a la interpretación y a la práctica constitucional. En primer lugar, conjuntamente con el principio de la separación de poderes, existe un sistema de control y equilibrio entre los poderes, de manera que, por ejemplo, el Ejecutivo siempre tiene algún tipo de participación en la actividad del Poder Legislativo, a través de la iniciativa legislativa, el veto presidencial a las leyes, y de la presentación del Mensaje anual ante el Congreso; y del Poder Judicial, a través de la prerrogativa del indulto. En cuanto al poder del Ejecutivo de nombrar funcionarios y ratificar Tratados, ello requiere la aprobación del Legislador, quien también interfiere en las funciones judiciales en casos de enjuiciamiento del Presidente, siendo responsable, dentro de los límites de la Constitución, de la organización del Poder Judicial. Finalmente, los Tribunales están autorizados para establecer sus normas de procedimiento, lo que indudablemente constituye el ejercicio de una función normativa; y ejercen el poder de controlar las acciones del mismo Congreso[39].

En todo caso, de la implantación del principio de la separación de poderes en el constitucionalismo moderno, surgieron las formas de gobierno, presidencial y parlamentaria.

Es evidente que como lo ha dicho Diego Valadés refiriéndose al presidencialismo latinoamericano, para una adecuada comprensión de los sistemas de gobierno contemporáneos "se hace imprescindible ahondar en las raíces del poder en los Estados que emergieron a la libertad a principios del Siglo XIX[40]."

Por ello, en relación con los sistemas parlamentarios europeos, Dieter Nohlen también ha afirmado que "en la fase de la formación de la sociedad civil en el Siglo XIX, el sistema de separación de poderes -Corona y gobierno (dependiente de la Corona) por un lado, y el parlamento, por el otro-, fue justamente superado por la parlamentarización de los sistemas políticos, proceso por el cual, en un *timing* dife-

---

37 Arts. 1,1; 2,1; y 3,1.

38 Véase M. García-Pelayo, *Derecho Constitucional Comparado*, Madrid, 1957, p. 350.

39 *Idem.*, p. 350. En General, A y S. Tunc, *Le Système Constitutionnel des Etats Unies d'Amerique*, 2 vols., Paris, 1954.

40 Véase Diego Valadés, "El presidencialismo latinoamericano en el siglo XIX", *Revista parlamentaria de habla hispana*, No. 2, 1986, p. 49i

rente según los países, el gobierno volvió a ser dependiente del parlamento. El parlamento se impuso como órgano preeminente"[41]. Por ello es que puede decirse que la diferenciación entre el Jefe del Estado y el de gobierno en el constitucionalismo moderno surgió con los sistemas parlamentarios[42].

Los procesos, en todo caso, tuvieron su origen en las Revoluciones norteamericana y francesa, que a la vez influyeron en la revolución latinoamericana del Siglo XIX.

La democracia y la soberanía del pueblo

El sistema de gobierno en Norteamérica en efecto, surgió de la independencia como una reacción contra la monarquía, basada en la democracia y el republicanismo[43] y en el concepto de soberanía del pueblo; correspondiendo a Thomas Paine, el ideólogo de dicha independencia, en su folleto *Common Sense* (1776), el haberse pronunciado por primera vez sobre la necesidad de la separación de las Colonias norteamericanas de la Monarquía británica, y dejando claro que el nuevo régimen político a establecer no podía ser el de la "locura del Gobierno hereditario de los reyes," o el de "la absurdidad de la sucesión hereditaria," la cual consideró como:

> "un insulto y una imposición sobre la posteridad, porque siendo todos los hombres iguales en su origen, ninguno por su nacimiento pudo tener un derecho para establecer para siempre su misma familia con una perpetua preferencia sobre todas las demás."[44]

La propuesta de Paine, que luego plasmó en muchos de sus escritos posteriores, partió de la idea simple que delineó posteriormente en 1795, de lo que llamó la división primaria de las formas de gobierno, que era: *primero*, el gobierno por elección de representantes; y *segundo*, el gobierno de sucesión hereditaria. Y fue esa división simple, la que dio origen, precisamente, a la revolución en los Estados Unidos, a la cual siguió la revolución en Francia, basadas, en palabras de Paine, en el conflicto entre "el sistema representativo fundado sobre los derechos del pueblo; y el sistema hereditario fundado en la usurpación,"[45] que o solo estaba formado con Monarcas

---

41 Véase Dieter Nohlen, "Sistemas de gobierno. Perspectivas conceptuales y comparativas" en Juan Linz et al, *Reformas al presidencialismo en América Latina: ¿Presidencialismo vs. Parlamentarismo?*, Comisión Andina de Juristas Editorial Jurídica Venezolana, Caracas 1993, pp. 59-60

42 Véase Diego Valadéz, *El gobierno de gabinete, op. cit.*, p. 5

43 Véase para lo que sigue Allan R. Brewer-Carías, *Reflexiones sobre la revolución norteamericana (1776), la revolución francesa (1789) y la revolución hispanoamericana (1810-1830) y sus aportes al constitucionalismo moderno*, Tercera edición ampliada, Ediciones Olejnik, Buenos Aires, Santiago de Chile, Madrid 2019, pp. 90 y ss.

44 Véase Thomas Paine, *Common Sense*, en el libro de Michael Foot and Isaac Kramnick (editors), *Thomas Paine. Reader* Penguin Books, 1987, pp. 52-56; y en Manuel García de Sena, *La independencia de Costa Firme justificada por Thomas Paine treinta años ha*, (1811), edición conmemorativa del Bicentenario de la Constitución de los Estados Unidos de América, Ministerio de Relaciones Exteriores, Caracas 1987, pp. 81-84

45 Véase el estudio "Dissertation on First Principles of Government" (1705),e Michael Foot and Isaac Kramnick (editors), *Thomas Paine. Reader* Penguin Books, 1987, p. 453

de sangre, sino incluso establecido por dictadores, citando nada menos que a quien años después sería su perseguidor Maximillien Robespierre en representación de la Convención en Francia. El mundo del gobierno monárquico o de la usurpación, era para Paine, en definitiva, lo contrario al "sistema representativo" que en su criterio era "la invención de mundo moderno." [46]

Y así fue en el *Common Sense*, en un capítulo sobre "de la Monarquía y sucesión hereditaria," donde Paine sentó las bases para esos planteamientos, expresando, al establecer el contraste entre Monarquía hereditaria y la república, que "el gobierno hereditario no tiene derecho de existir; no puede ser establecido con base a principio alguno de derecho; y antes por el contrario, es una violación de todos los principios."

En consecuencia, con la Revolución norteamericana, el principio tradicional de legitimidad monárquica del Estado fue sustituido definitivamente, dejando la soberanía de corresponder a un monarca, sino al pueblo. Por ello, en el mundo moderno, fue con la Revolución americana se inició la práctica del gobierno democrático, principio luego recogido por la Revolución francesa, aun cuando allí duró poco, debido a la restauración de la Monarquía a partir de 1815.

En todo caso, este fue un concepto fundamental en el libro de De Tocqueville, *La democracia en América* (1835)[47], donde afirmó que "cuando se quiere hablar de las leyes políticas de los Estados Unidos, hay que comenzar siempre con el dogma de la soberanía del pueblo; principio que consideró dominaba "todo el sistema político de los angloamericanos", añadiendo, que:

Si hay algún país en el mundo en que se pueda apreciar en su justo valor el dogma de la soberanía del pueblo, estudiarlo en su aplicación a los negocios jurídicos y juzgar sus ventajas y sus peligros, ese país es sin duda Norteamérica.

A ese efecto destinó su libro a estudiar precisamente la democracia en Norteamérica, la cual en todo caso se había desarrollado tiempo antes de la Independencia, lo que destacó De Tocqueville al indicar que su ejercicio, durante el régimen colonial "se veía reducido a ocultarse en las asambleas provinciales y sobre todo en las comunas donde se propagaba en secreto," agregando que "No podía mostrarse ostensiblemente a plena luz en el seno de las leyes, puesto que las colonias estaban todavía constreñidas a obedecer."

Por ello, una vez que la Revolución norteamericana estalló:

El dogma de la soberanía del pueblo, salió de la comuna y se apoderó del gobierno. Todas las clases se comprometieron por su causa; se combatió y se triunfó en su nombre; llegó a ser la ley entre las leyes... cada individuo

---

46   Véase en Michael Foot and Isaac Kramnick (editors), *Thomas Paine. Reader* Penguin Books, 1987, p. 454.

47   Hemos utilizado la edición del Fondo de Cultura Económica, México 1973.

constituye una parte igual de esa soberanía y participa igualmente en el gobierno del Estado.

El título del primer capítulo de la segunda parte del libro de De Tocqueville, reza así: de "Cómo se puede decir rigurosamente que en los Estados Unidos es el pueblo el que gobierna", iniciando el primer párrafo en la siguiente forma:

En Norteamérica el pueblo nombra a quien hace la ley y a quien la ejecuta; él mismo forma el jurado que castiga las infracciones de la Ley. No solamente las instituciones son democráticas en principio, sino también en todo su desarrollo. Así, el pueblo nombra directamente a sus representantes y los escoge cada año, a fin de tenerlos completamente bajo su dependencia. Es, pues, realmente el pueblo quien dirige y, aunque la forma de gobierno sea representativa, es evidente que las opiniones, los prejuicios, los intereses, y aún las pasiones del pueblo no pueden encontrar obstáculos durables que le impidan producirse en la dirección cotidiana de la sociedad.

De ello concluía De Tocqueville afirmando que "Norteamérica es la tierra de la democracia," destacando que "las instituciones comunales que moderando el despotismo de la mayoría, dan al mismo tiempo al pueblo el gusto de la libertad y el arte de ser libre." De allí, la relación que De Tocqueville estableció entre la democracia y la descentralización política.

La separación de poderes y el sistema presidencial

Abandonado el esquema monárquico, en la Constitución de los Estados Unidos de 1787, y previamente, en las distintas Constituciones de las antiguas colonias, el principio de separación orgánica de poderes fue expresado formalmente por primera vez dentro de la más ortodoxa doctrina de la época[48], al propugnar la limitación del poder político. Así se reflejó, por ejemplo, la primera de esas Constituciones, la de *Virginia* en 1776, estableció (Art. III):

"Los Departamentos Legislativo, Ejecutivo y Judicial, deberán estar separados y distintos, de manera que ninguno ejerza los poderes pertinentes a otro; ni persona alguna debe ejercer más de uno de esos poderes al mismo tiempo...".

La Constitución norteamericana de 1787, no tiene norma similar dentro de su articulado, pero su principal objetivo fue, precisamente, organizar la forma de gobierno dentro del principio de separación de poderes, pero permitiendo diversas

---

48   Véase para lo que sigue Allan R. Brewer-Carías, *Reflexiones sobre la revolución norteamericana (1776), la revolución francesa (1789) y la revolución hispanoamericana (1810-1830) y sus aportes al constitucionalismo moderno*, Tercera edición ampliada, Ediciones Olejnik, Buenos Aires, Santiago de Chile, Madrid 2019, pp. 110 y ss.

interferencias, entre ellos, en un sistema de frenos y contrapesos, y particularmente, regulando los poderes del Ejecutivo en lo que fue una nueva forma de gobierno, el presidencialismo, como opuesto al parlamentarismo, y una configuración particular del Poder Judicial, nunca antes conocida en la práctica constitucional.

De Tocqueville se refirió en su libro a estos dos aspectos del principio. En relación al Poder Ejecutivo, inmediatamente puntualizó que en los Estados Unidos:

"El mantenimiento de la forma republicana exigía que el representante del Poder Ejecutivo estuviese sometido a la voluntad nacional"; de ahí que, -dijo- "el Presidente es un magistrado efectivo... el único y sólo representante del Poder Ejecutivo de la Unión". Pero anotó, "...al ejercer ese poder, no es por otra parte completamente independiente".

Esa fue una de las particulares consecuencias del sistema de frenos y contrapesos de la separación de poderes adoptados en los Estados Unidos, pero sin hacer al Poder Ejecutivo dependiente del Parlamento, como en los sistemas de gobierno parlamentarios.

Por ello, al comparar el sistema de las monarquías parlamentarias europeo con el sistema presidencial de los Estados Unidos, De Tocqueville se refirió al importante papel que el Poder Ejecutivo jugaba en Norteamérica en contraste con la situación de un Rey constitucional en Europa. Un Rey constitucional, observó, "no puede gobernar cuando la opinión de las Cámaras Legislativas no concuerda con la suya". En el sistema presidencialista, contrariamente, la sincera ayuda del Congreso al Presidente "es sin duda útil, pero no es necesaria para la marcha del gobierno".

Igualmente, los escritos de Locke, Montesquieu y Rousseau también conformaron el arsenal histórico político que permitió en Francia la reacción contra el Estado absoluto y su sustitución por el Estado de Derecho, como garantía de la libertad, lo cual se concretó con la Revolución exaltando además el individualismo y de la libertad. Como consecuencia de ella, el principio de la separación de poderes encontró consagración expresa en la Declaración Universal de los Derechos del Hombre y del Ciudadano de 1789, conforme a la cual "en cualquier sociedad en la cual las libertades no estuvieran debidamente garantizadas y no estuviese determinada la separación de poderes, no hay Constitución".

Así como el principio del republicanismo es el elemento esencial que surge con la revolución norteamericana, el principio fundamental que surge del constitucionalismo revolucionario francés, es el de la soberanía nacional[49].

En efecto, conforme al régimen absolutista el soberano era el Monarca, quien ejercía todos los poderes e, incluso, era quien otorgaba la Constitución del Estado. Con la Revolución el Rey fue despojado de su soberanía; dejó de ser Rey de Francia y

---

49   Véase para lo que sigue Allan R. Brewer-Carías, *Reflexiones sobre la revolución norteamericana (1776), la*

comenzó a ser Rey de los franceses trasladándose la soberanía, al pueblo. La noción de Nación surge entonces para lograr privar al Rey de su soberanía, pero como la soberanía existía sólo en la persona que la podía ejercer, era necesario estructurar la noción de "Nación", como personificación del pueblo, para reemplazar al Rey en su ejercicio.

De allí el principio de la soberanía atribuida a la Nación y no al Rey o a los gobernantes, que surge del texto de la Declaración de los Derecho del Hombre y del Ciudadano:

"El principio de toda soberanía reside esencialmente en la Nación. Ningún cuerpo, ningún individuo puede ejercer autoridad alguna que no emane de ella expresamente" (Art. 3).

La Declaración de Derechos que precedió la Constitución de 1793, señalaba "La soberanía reside en el pueblo. Ella es una e indivisible, imprescindible e inalienable" (Art. 25).

Y la Declaración que precedió la Constitución de 1795, señaló:

"La soberanía reside esencialmente en la universalidad de los ciudadanos. Ningún individuo, ninguna reunión parcial de ciudadanos puede atribuirse la soberanía".

Debe destacarse, además, que a pesar de su carácter monárquico, la Constitución francesa de 1791 fue representativa, desde el momento en que la Nación ejercía su poder a través de representantes. En todo caso, fue precisamente por el sistema que se estableció para la participación, que la Revolución tuvo una especial significación social vinculada a-la burguesía, ya que conforme al sistema de sufragio que se estableció, un gran número de ciudadanos fue excluido de la actividad electoral.

En todo caso, después de la Monarquía y ejecutado Luis XVI, la Constitución de 1793 estableció la República, en sustitución de la Monarquía, como "única e indivisible" (Art. 1); en la cual el pueblo soberano, constituido por "la universalidad de los ciudadanos franceses", nombraba sus representantes en los cuales le delegaba el ejercicio de los poderes públicos (Art. 7 a 10).

Estas ideas de la representatividad, sin embargo, en Francia se impusieron desde el momento mismo de la Revolución, en 1789, a pesar de que al inicio la forma del gobierno siguió siendo Monárquica. Así, en la Constitución de 1791 se estableció que:

"La Nación de la cual emanan todos los poderes, no los puede ejercer sino por delegación. La Constitución francesa es representativa: los representantes son el cuerpo legislativo y el Rey" (Art. 2, título III).

---

revolución francesa (1789) y la revolución hispanoamericana (1810-1830) y sus aportes al constitucionalismo moderno, Tercera edición ampliada, Ediciones Olejnik, Buenos Aires, Santiago de Chile, Madrid 2019, pp. 186 y ss.

Por tanto, incluso el Rey se convirtió con la Revolución en representante de la Nación, hasta que fue decapitado, y con ello la Monarquía convertida en República, fue completamente representativa.

La separación de poderes y el sistema parlamentario monárquico

La idea de la separación de poderes, debido a la formulación teórica de Locke y Montesquieu, como se ha dicho, si bien fue expresada constitucionalmente por primera vez en las Constituciones de las Colonias americanas de 1776, y luego imbuida en el texto de la Constitución norteamericana de 1787[50] para dar paso al sistema presidencial de gobierno; puede decirse que en Francia, fue materialmente el motivo fundamental de la Revolución, en ese caso para dar origen al sistema parlamentario de gobierno.

Por lo tanto, en los artículos de la Constitución que siguieron a la Declaración de 1789, donde si incluyó el derecho a la separación de poderes, como primer acto constitucional revolucionario se establecieron expresamente las consecuencias del principio, al establecer que "El Poder Legislativo reside en la Asamblea Nacional" (Art. 8); que "El Poder Ejecutivo supremo reside exclusivamente en el Rey" (Art. 16), no pudiendo este poder "hacer ninguna ley" (Art. 17); y que "El Poder Judicial no podrá en ningún caso, ser ejercido por el Rey, ni por el cuerpo legislativo" (Art. 17).

Este principio de la separación de poderes, de la esencia del proceso revolucionario francés, fue incorporado en forma expresa en la Constitución de 1791 en la cual se precisó (Título III):

> "3. El Poder Legislativo es delegado a una Asamblea Nacional, compuesta de representantes temporales, libremente elegidos por el pueblo, para ser ejercido por ella, con la sanción del Rey, de la manera que se determina en esta Constitución.
>
> 4. El gobierno es monárquico: el Poder Ejecutivo es delegado en el Rey, para ser ejercido bajo su autoridad, por los Ministros y otros agentes responsables, de la manera que se determina en esta Constitución.
>
> 5. El Poder Judicial es delegado a los jueces temporalmente por el pueblo".

Sin embargo, en el sistema francés de separación de poderes de 1791, se estableció un claro predominio del Poder Legislativo. Por ello, el Rey no podía ni convocar, ni suspender ni disolver la Asamblea; sólo tenía un poder de veto, sólo de suspensión, pero no tenía iniciativa, aún cuando podía sugerir a la Asamblea tomar en consideración ciertos asuntos. La Asamblea, por su parte, no tenía control sobre el

---

50   Véase para lo que sigue Allan R. Brewer-Carías, *Reflexiones sobre la revolución norteamericana (1776), la revolución francesa (1789) y la revolución hispanoamericana (1810-1830) y sus aportes al constitucionalismo moderno*, Tercera edición ampliada, Ediciones Olejnik, Buenos Aires, Santiago de Chile, Madrid 2019, pp. 191 y ss;

Ejecutivo, ya que la persona del Rey era sagrada e inviolable. Sólo los ministros eran responsables penalmente. En todo caso, la Asamblea tenía importantes atribuciones ejecutivas, como el nombramiento de algunos funcionarios, la vigilancia de la administración, la declaración de la guerra y la ratificación de los Tratados.

La consecuencia del principio de la separación de poderes, en un esquema en el cual el Legislador tenía la supremacía, fue la prohibición impuesta a los Poderes Ejecutivo y al Judicial de inmiscuirse en los asuntos de los otros Poderes. Así, al regular las funciones de los administradores de Departamento, la Constitución de 1791 precisó que "no podrán, ni inmiscuirse en el ejercicio del Poder Legislativo, o suspender la ejecución de las leyes, ni actuar en el orden judicial, ni sobre las disposiciones u operaciones militares" (Art. 3, Cap. IV, Título IV). En cuanto al Poder Judicial, se estableció, que este "en ningún caso podría ser ejercido por el Cuerpo Legislativo ni por el Rey" (Art. 1, Cap. V, Título III), pero se expresaba además que "los Tribunales no pueden, ni inmiscuirse en el ejercicio del Poder Legislativo, o suspender la ejecución de las leyes, ni actuar en relación a los funcionarios administrativos, ni citar ante ellos a los administradores en razón de sus funciones" (Art. 3, Cap. V, Título III).

En materia judicial, esta concepción extrema de la separación de poderes tenía una razón histórica: los *Parlements*, que eran los Tribunales del antiguo régimen, como hemos señalado, habían tenido un papel activo, como instrumentos de la aristocracia, para oponerse a las reformas impositivas. La Revolución había surgido, entonces, signada por una reticencia tal respecto del Poder Judicial, que la separación de poderes llegó allí al extremo de impedir no sólo que los jueces pudiesen interpretar las leyes (por supuesto, jamás la posibilidad de anular leyes), sino la injerencia de los Tribunales respecto de la Administración, lo que fue incluso consagrado expresamente en la Ley 16-24 de agosto de 1790 sobre la reorganización del Poder Judicial, en la cual además de abolir la venalidad de las funciones judiciales y establecer la gratuidad de la justicia (Título II, Art. 2), se estableció que:

> "Las funciones judiciales son distintas y permanecerán siempre separadas de las funciones administrativas. Los jueces no podrán, so pena de prevaricación, perturbar, de la manera que sea las operaciones de los cuerpos administrativos, ni citar ante ellos a los administradores en razón de sus funciones (Título II, Art. 13)".

Fue este principio externo, el que llevó, como ya se señaló, casi 100 años después, a la consolidación de la jurisdicción administrativa a cargo del Consejo de Estado para juzgar la Administración y para anular los actos administrativos (jurisdicción contencioso-administrativa) pero, por, supuesto, en forma separada respecto del Poder Judicial. Es decir, la jurisdicción contencioso-administrativa en Francia, en definitiva, tuvo su origen en el acto revolucionario de expresión extrema de la separación de poderes, que prohibía a los jueces ordinarios a juzgar a la Administración, lo que sigue teniendo vigor.

En materia de control de la legislación, la situación de abstención de los jueces era similar. Conforme a las enseñanzas de Montesquieu los jueces sólo podían ser "la boca que pronuncia las palabras de la Ley" por lo que incluso, como se señaló, la interpretación de la Ley les era prohibida inicialmente, y mediante el procedimiento llamado del *referé legislatif,* los jueces estaban obligados a consultar a la Asamblea Nacional cuando tuviesen dudas sobre la interpretación de las leyes. En este esquema, los jueces no podían controlar la constitucionalidad de las leyes, lo que incluso condujo a que, a partir de la Constitución de 1958 en Francia, se hubiese creado un Consejo Constitucional, también separado del Poder Judicial, para juzgar dicha constitucionalidad, pero sólo respecto de las leyes sancionadas por la Asamblea, pero aún no promulgadas.

La primacía del legislador en el constitucionalismo francés, en todo caso, desembocó en la configuración progresiva del sistema parlamentario de gobierno, al quitársele al Monarca el monopolio del Poder Ejecutivo que originalmente tuvo, desdoblándose éste la jefatura del Estado con la que se quedó el Monarca, y el gobierno, dependiente del parlamento.

Como principio, el de la separación de poderes, por supuesto, también influyó en el constitucionalismo venezolano, pero no conforme a la interpretación extrema francesa, sino conforme a la modalidad adoptada en los Estados Unidos conforme al sistema presidencial, y que se expresó en las Constituciones de las Colonias de 1776, de las cuales proviene la siguiente expresión del Preámbulo de la Constitución de 1811:

> "El ejercicio de la autoridad confiada a la Confederación no podrá jamás hallarse reunido en sus diversas funciones. El Poder Supremo debe estar dividido en Legislativo, Ejecutivo y Judicial, y confiado a distintos cuerpos independientes entre sí y en sus respectivas facultades".

Sin embargo, el principio de la separación de poderes no se concibió como el establecimiento de compartimientos estancos, sino conforme a un sistema de pesos, contrapesos, e interferencias constitucionales radicalmente distintos al sistema francés. En particular, entre ellas, resulta necesario destacar el papel del Poder Judicial en el control de los otros poderes respecto dé su adecuación a la Constitución, y a la vigencia de la garantía objetiva de la Constitución, conforme a la influencia recibida del constitucionalismo americano.

El principia de la supremacía de la Ley: el principio de la legalidad

Como se ha dicho, la Revolución francesa estuvo signada por el principio de la supremacía del legislador, que representaba a la Nación[51]. Al haber controlado el

---

51   Véase para lo que sigue Allan R. Brewer-Carías, *Reflexiones sobre la revolución norteamericana (1776), la revolución francesa (1789) y la revolución hispanoamericana (1810-1830) y sus aportes al constitucionalismo*

Tercer Estado la Asamblea Nacional en 1789, ésta se convirtió en representante todo-poderosa de la Nación. De allí que de acuerdo al postulado roussoniano de que la "ley es expresión de la voluntad general", habiendo la Asamblea asumido carácter de poder constituyente al momento de la Revolución, en la Constitución de 1791 se estableció que:

"No hay en Francia una autoridad superior a la de la ley. El Rey no reina sino por ella, y es en nombre de la Ley que él puede exigir obediencia" (Art. 1, Cap. II, Título III).

La ley, entonces, como "expresión de la voluntad general" según lo indicó la Declaración de Derechos del Hombre y del Ciudadano (Art. 6), adquirió en el constitucionalismo francés un rango superior, consecuencia de la primacía del propio Poder Legislativo.

Pero además, desde el punto de vista sustantivo, el principio de la supremacía de la Ley se fundó sobre el de su generalidad, lo que a la vez fue garantía de la igualdad, uno de los postulados básicos de la Revolución. Las leyes de libertad, que tenían por objeto hacer posible, el libre desenvolvimiento de los miembros del grupo social, fueron el instrumento de la Asamblea contra los privilegios que fueron abolidos. En todo caso, siendo la ley expresión de la voluntad general, se consagró el derecho de todos los ciudadanos de "concurrir personalmente o por sus representantes" a la formación de la ley (Art. IV), estableciéndose en los artículos de la Constitución que siguieron a la Declaración los siguientes principios:

"Ningún acto de los Cuerpos Legislativos podrá ser considerado como ley, si no ha sido hecho por los representantes de la Nación libremente elegidos y si no ha sido sancionado por el Monarca" (Art. 9).

"El Poder Ejecutivo no puede hacer ley alguna, incluso prioritaria, sino proclamar, conforme a las leyes, para ordenar o recursar su observación" (Art. 16).

"El Poder Judicial será administrado por tribunales establecidos por la ley, según los principios de la Constitución y según las normas determinadas por la ley" (Art. 19).

Por su parte, la Ley de 16-24 de agosto de 1790, agregó que:

"Los Tribunales no podrán tomar directa o indirectamente, parte alguna en el ejercicio del poder legislativo, ni suspender o impedir la ejecución de los decretos del Cuerpo Legislativo, sancionados por el Rey, so pena de prevaricación" (Art. 10, Título II).

---

moderno, Tercera edición ampliada, Ediciones Olejnik, Buenos Aires, Santiago de Chile, Madrid 2019, pp. 196 y ss.

Por otra parte, a la base de la concepción de la ley como expresión de la voluntad general, está la idea que emerge de la Revolución de que no sólo no había autoridad superior a la de la ley, sino que era a través de ella que se podía gobernar y exigir obediencia. Así, frente al poder absoluto del Monarca en el Antiguo Régimen, emerge el principio de la legalidad y el Estado de Derecho: sólo se puede gobernar en virtud y con sujeción de las leyes.

El debate constitucional entre los sistemas parlamentarios y presidenciales de gobierno

Basados en el legado antes analizado proveniente de las revoluciones norteamericana y francesa y su implantación en Latinoamérica, en el mundo contemporáneo de desarrollaron fundamentalmente los sistema de gobierno mencionados: los sistemas de gobierno presidencial, con su origen en los Estados Unidos, y que fue seguido en todo el resto de los países americanos; y los sistemas de gobierno parlamentario, seguido en la mayoría de los países europeos, y cuyas diferencias derivan de la naturaleza, en cada caso, de las relaciones entre el gobierno y el parlamento y, en definitiva, entre los órganos que ejercen el Poder Legislativo y el Poder Ejecutivo.

Dichas diferencias, se evidencian, fundamentalmente de los siguientes dos aspectos: En *primer lugar*, de la fuente de legitimación democrática de los titulares de los órganos del gobierno, es decir, determinar quién tiene el poder de instituirlos o elegirlos y eventualmente de destituirlos, removerlos o revocarlos; y en *segundo lugar*, de la determinación de las respectivas funciones de dichos órganos, es decir, establecer los poderes o competencias de cada órgano y en particular, a quién corresponde el gobierno.

En los sistemas parlamentarios, como se dijo, el gobierno emana o deriva del Parlamento y depende de su confianza. Es decir, el órgano que en última instancia gobierna es el parlamento, a través de funcionarios que generalmente son miembros del mismo (Jefe de Gobierno, Primer Ministro, Ministros) que tienen su respaldo, y cuya designación al gobierno no conlleva la pérdida de la investidura parlamentaria. En los sistemas parlamentarios, por tanto, se distingue entre el Jefe del Estado y el jefe de gobierno, éste último dependiente del parlamento. Por ello, en general, en los sistemas parlamentarios, el Parlamento, en general es el único órgano electo por el voto popular, por lo que de él emana el gobierno y ante él responde de sus acciones. El Jefe del Estado, en cambio, puede ser un Monarca o un Presidente electo que no gobiernan.

Es decir, si bien en algunos casos de sistemas parlamentarios puede haber un Presidente electo, éste sólo actúa como Jefe de Estado. Por ello, mientras éste no tenga las funciones de gobierno, es decir, mientras no dirija el gobierno con poderes de iniciativa y orientación política, a pesar de la elección presidencial el sistema seguirá siendo parlamentario, en cuyo caso, el gobierno seguirá siendo dependiente del Parlamento y de la mayoría parlamentaria.

Pero en algunos sistemas de gobierno contemporáneos se pueden identificar algunos en los cuales existe un Presidente de la República electo al igual que el Parlamento, teniendo el gobierno una doble dependencia, respecto del Parlamento y del Presidente electo. Es el caso francés, donde la importancia y función del jefe del Estado es mayor en cuanto a la posibilidad de influir en el gobierno. Por ello, el sistema francés, si bien llamado de semipresidencialismo, encuadra dentro de los sistemas presidenciales. Por ello, en estos casos, si el Presidente no goza del respaldo de la mayoría parlamentaria, tiene que "cohabitar" con un primer ministro y gabinete de otra tendencia política.

En definitiva, en los sistemas parlamentarios, el gobierno emana del parlamento que detenta la representación popular, por lo que el jefe del gobierno no es electo popularmente. El parlamento, por tanto, es el órgano preeminente, del cual depende la legitimidad del gobierno.

Los sistemas presidenciales de gobierno, en cambio, existen cuando el jefe de gobierno (quien también es a la vez, jefe de Estado) es electo directa y periódicamente por los ciudadanos por sufragio universal. Por ello, la sola elección de un Presidente por sufragio universal no es suficiente para calificar el sistema de gobierno como presidencial, exigiéndose que tenga el carácter de jefe de gobierno. En definitiva, lo que es esencial es que la legitimidad democrática del jefe de gobierno, que no deriva del Parlamento, órgano que, además, no puede deslegitimarlo.

Un tema importante en relación con el funcionamiento del presidencialismo ha sido el de la regulación de la reelección presidencial, habiendo sido una tradición para frenar el poder presidencial abusivo, sea la prohibición de la reelección o la limitación de la posibilidad de reelección por una sola vez.

En efecto, el sistema presidencial puede convertir el juego político en un juego suma-cero, que sigue la regla de "todo al ganador". Es decir, con la elección presidencial, el poder de gobierno se encomienda a un sólo órgano por un período fijo (que en algunos casos puede ser muy extenso), sin posibilidad de cambio hasta la próxima elección presidencial. En este juego, a veces resulta difícil combinar el rol de Jefe de Estado, que lo debe ser de todos los habitantes con el de jefe de un gobierno, que puede ser de un partido o de la mayoría parlamentaria.

Por ello, el gobierno en manos de un solo órgano electo puede originar una crisis de legitimidad democrática, que en el sistema presidencial no encuentra solución, salvo mediante mecanismos políticos excepcionales como el referendo revocatorio o el juicio político (*impeachment*) que a la vez son demasiado lentos, complejos y traumáticos. Por otra parte, la relación directa del Presidente con el electorado puede originar una relación líder-pueblo que puede convertir el régimen en plebiscitario y populista.

Por ello, otro aspecto que influye en el funcionamiento del sistema presidencial es el método de elección presidencial, de mayoría absoluta –dos vueltas- o de mayoría relativa. Los sistemas de doble vuelta, que a veces se propugnan para asegurar una mayor representatividad y legitimidad democráticas, en contraste pueden originar conflictos y tensiones insalvables entre los órganos legislativo y ejecutivo. Por ello se ha considerado que la doble vuelta, en lugar de resolver conflictos, puede exacerbar la pretensión autoritaria del Presidente electo que puede creer que dispone de una mayoría real[52]. En los sistemas presidenciales, un factor de gobernabilidad efectiva deriva de la mayoría política que pueda tener el Presidente en el Parlamento, sea por la mayoría absoluta que pueda tener su partido, o de los acuerdos entre partidos para asegurar dicha gobernabilidad.

En los sistemas presidenciales, por otra parte, las relaciones entre el Presidente de la República y el Parlamento en el ejercicio de sus funciones propias, ha originado una serie de interferencias constitucionales a los efectos de mitigar la separación de poderes, convirtiéndola en cooperación o colaboración. Por ejemplo: el Presidente puede vetar la legislación que emane del Parlamento; y el Parlamento debe aprobar los decretos de estados de excepción que emanen del Ejecutivo. El proyecto de Ley de Presupuesto sólo puede ser de iniciativa presidencial y el Parlamento está limitado en cuanto a sus poderes de modificación del proyecto de dicha ley.

Por otra parte, si bien en el sistema presidencial el gobierno no depende del Parlamento, los controles del legislativo que se han venido incorporando en la Constituciones, han llevado progresivamente al Parlamento a coparticipar en las funciones de gobierno, al atribuírsele constitucionalmente competencia para por ejemplo, autorizar o aprobar decisiones ejecutivas[53].

En otro sentido, la función normativa del Estado ha dejado de ser una tarea exclusivamente parlamentaria, admitiéndose no sólo el desarrollo de la potestad reglamentaria del Presidente de la República, sino la potestad de dictar decretos con rango y valor de ley, incluso mediante delegación del parlamento.

Por otra parte, en los sistemas presidenciales, el Presidente designa sus Ministros, quienes son sus órganos; y juntos integran el Consejo de Ministros. Los Ministros deben refrendar los actos del Presidente con lo que se mitiga el carácter unipersonal del Ejecutivo. En cuanto a los diputados, éstos, si son designados Ministros, pierden su investidura. Además, el cargo de Ministro es incompatible con cualquier otro cargo, por lo que para que estos puedan ser electos diputados deben separarse de sus cargos con antelación. A los Ministros, responsables ante el Presidente, también se los hace responsables ante el Parlamento, donde están obligados a comparecer para ser interpelados y pueden ser objeto de votos de censura para lograr su remoción.

En definitiva, en los sistemas presidenciales, el gobierno emana directamente de la voluntad popular y no del Parlamento, el cual igualmente detenta la repre-

---

52   Véase Diego Valadés, *El gobierno de gabinete, op. cit.,* p. 12

53   Véase Néstor Pedro Sagüés, "Formas de gobierno: aproximaciones a una teoría del control parlamentario sobre el Poder Ejecutivo, en Juan Linz et al., *Reformas al presidencialismo en América Latina: ¿Presidencialismo vs. Parlamentarismo?,* Comisión Andina de Juristas Editorial Jurídica Venezolana, Caracas 1993, pp. 93 y ss.

sentación popular; por lo que el jefe del gobierno no deriva del Parlamento. Sin embargo, la potestad normativa del Estado está compartida entre ambos órganos. El Presidente de la República, por tanto, es el órgano preeminente, lo que puede originar el relegamiento del Parlamento a ser un órgano de registro de decisiones ejecutivas, y con la sola posibilidad de ser un órgano de balance del poder mediante el ejercicio de poderes de control.

En todo caso, lo anterior son solo muestras de cómo se han ido modificando y moldeando los sistemas parlamentarios y presidenciales a las realidades de cada país, de manera que puede decirse que en definitiva, no hay sistemas presidenciales o parlamentarios puros, pues muchos parlamentarismos históricos se han presidencializado, como sucedió en Francia con el llamado sistema "semipresidencial" de 1958 o se discuten fórmulas para presidencializarse como ha sucedido en Italia; y en la mayoría de los presidencialismos de América Latina, dados sus efectos políticos[54], se han venido incorporando sucesivamente elementos del parlamentarismo, conformándose presidencialismos atenuados o con sujeción parlamentaria[55].

Los cambios en los sistemas, en todo caso, se han dado más en los sistemas presidenciales que en los parlamentarios, siendo aquellos los más criticados por la teoría democrática europea. Un resumen de esta crítica, por ejemplo, se refleja en los comentarios del profesor Michelangelo Bovero en relación con el proyecto de reforma constitucional que hace unos años se planteó en Italia en relación con el paso de un sistema parlamentario a un sistema presidencial, refutándolo con las siguientes tres fórmulas drásticas:

a. El presidencialismo es la forma institucional más *antigua* de la democracia moderna, y justamente por eso es una forma *rudimentaria* de la democracia

b. La forma de gobierno presidencial es la *menos democrática* de las que puede asumir la democracia moderna, porque en ella un poder *monocrático* en mayor o menor medidas discrecional, tiende a prevalecer sobre el poder colegiado de las Asambleas *pluralistas* (el parlamento), a la que les es confiada la representación política de los ciudadanos.

c. La única reforma verdaderamente *democrática* del presidencialismo sólo puede ser su *abolición* (drástica o gradual, según lo que puedan permitir o requerir las circunstancias)[56].

---

54 Véase en general Manuel Barquín et al, *El predominio del poder ejecutivo en Latinoamérica*, UNAM, México 1977; y Juan J. Linz, "Los peligros del presidencialismo" en Juan Linz et al, *Reformas al presidencialismo en América Latina: ¿Presidencialismo vs. Parlamentarismo?*, Comisión Andina de Juristas/Editorial Jurídica Venezolana, Caracas 1993..

55 Véase Dieter Nohlen, "Sistemas de gobierno. Perspectivas conceptuales y comparativas" en Juan Linz et al, *Reformas al presidencialismo en América Latina: ¿Presidencialismo vs. Parlamentarismo?*, Comisión Andina de Juristas/Editorial Jurídica Venezolana, Caracas 1993, pp. 78 y ss.

56 Véase Michelangelo Bovero, "Sobre el presidencialismo y otras malas ideas. Reflexiones a partir de la experiencia italiana", en Miguel Carbonell et al (Coordinadores), *Estrategias y propuestas para la reforma del Estado*, UNAM, México 2001, pp. 18-19.

Este es, por supuesto un punto de vista formulado desde las trincheras del parlamentarismo en relación con los sistemas presidenciales, donde sin duda, se podrán encontrar apreciaciones similares sobre el sistema parlamentario de gobierno y su su base democrática.

Por lo que respecta al sistema de gobierno presidencial, en todo caso, el libro del Presidente William Taft, es una buena muestra teórico-práctica de su funcionamiento, escrita por alguien que además de haber ejercido la Presidencia de los Estados Unidos, como *Chief Justice* de la Suprema Corte pudo controlar algunas de sus ejecutorias.

New York, agosto de 2020

Allan R. Brewer-Carías

MOTIVO DE ESTA OBRA

Por su actuación política en la gran República del Norte, muy pocos están hoy en las condiciones que el ex presidente de los Estados Unidos, William H. Taft, para tratar con mayor conocimiento de causa los varios asuntos relacionados directamente con las funciones del gobierno en general.

Hace algún tiempo que la señora Nelson de Page, acaudalada norteamericana, donó a la Universidad de Virginia una fuerte suma en dinero, cuyos intereses se destinan anualmente a sufragar los gastos de una serie de tres conferencias dadas por elegidos especialistas en alguna rama de la literatura, las ciencias o las artes, estableciendo expresamente que todas esas disertaciones deberían aportar algo nuevo sobre la materia en que el conferenciante descollara.

El año actual cúpole en suerte esta distinción universitaria al ex presidente Taft, cuya tesis fue: "La Presidencia", y además de hacer una clara exposición sobre las funciones pertinentes al poder ejecutivo en todos sus aspectos, Mr. Taft sugiere consejos y aporta un valioso caudal de informes que sólo están al alcance de aquellos que como él, han desempeñado con tanto acierto la primer magistratura de una vasta nación.

Juzgándolas como un alto exponente de labor administrativa, se creyó oportuno en Norte América publicar esas conferencias en un tomo, para que sus enseñanzas cívico-políticas cundieran lo más extensamente posible en el pueblo yanqui.

No bien hubieron llegado a Buenos Aires los primeros ejemplares de esta obra, el Director de "El Diario", con esa perspicacia periodística y educadora que le es propia, encomendome su traducción del inglés al castellano, y ella apareció por partes en dicho periódico los días 11 a 18 de septiembre último.

Dado el novel punto de mira con que Mr. Taft encara asunto tan complejo, y dada también la similitud que existe entre la constitución norteamericana y la argentina, estas tres conferencias, que yo divido en seis partes, no sólo son de palpitante actualidad en nuestro país, sino que han de servir, en muchos casos, de autorizada guía al presidente, a los ministros y a los cuerpos legisladores argentinos en sus actos hacia el pueblo, y, a éste, en sus deberes para con la patria y sus gobernantes.

Tal idea fue la que me indujo, en primer término, a imitar a los prácticos yanquis, presentando la traducción de esta joya de la literatura político-administrativa en forma de libro, después de purgarla de algunos deslices propios de la premura periodística.

Buenos Aires, 2 de octubre de 1916

M. G. PURÓN

LA PRESIDENCIA

Primera Parte

La cuestión de la presidencia, por lo que atañe a sus deberes, sus responsabilidades y sus limitaciones, debería, a mi juicio, establecerse no al calor de los actos que con frecuencia surgen durante el período de su desempeño, sino a la luz de un pausado estudio, libre de toda tendencia, estrictamente ajustado al punto de mira del historiógrafo y del legislador. Mientras un ex presidente puede no ser el juez más exacto en el campo de la legislación que la constitución le asignara, los puntos de vista que en su calidad de actor exponga han de contribuir, sin duda, a resolver las cuestiones que se vayan presentando. A esto debo añadir que el alejamiento del poder por un lugar de estudio y contemplación, más bien que de movimiento, modifica un tanto el punto de vista formado en la acción del trabajo oficial, y esto evidencia la importancia que tiene el insistir sobre las limitaciones constitucionales, a la par de que esas limitaciones sean de cuando en cuan do interpretadas por otra rama del gobierno que aquella a cuya acción han de ser aplicadas.

Término presidencial.

Cualquiera que haya leído la correspondencia de George Washington durante la revolución u observado el caos de estancamiento que siguió a la independencia de los Estados Unidos, se convencería del deficiente desempeño que en sus funciones ejecutivas reveló el congreso continental y los comités *ad interim* de ese congreso.

Roger Sherman, representando una minoría, pensaba que el ejecutivo debía ser un simple agente de la legislación que hiciera cumplir la voluntad de los legisladores expresada en detalle, y Randoph, de Virginia, en apoyo de Sherman, fue aun más lejos, proponiendo que el ejecutivo recayera en cierto número de personas. A Hamilton, en contraposición de estas ideas, parecíale que el ejecutivo debía ser vitalicio, con amplios poderes e independiente de la legislatura.

El feliz resultado a que se arribó entre los dos extremos, es solo uno de los tantos casos en que triunfa el sentido común, el patriotismo práctico y el sacrificio personal de las naciones fomenta das por una grandiosa constitución como la nuestra.

Me inclino fuertemente a creer, empero, que habría sido un paso más acertado extender el término presidencial a siete años en lugar de cuatro que es ahora en Norte América y prohibir que el presidente fuera reelecto. Este cambio imprimiría al ejecutivo mayor confianza e independencia en el desempeño de sus obligaciones, y de esta manera todo ese absorbente interés desplegado en la reelección por aquellos empleados públicos cuya permanencia depende de él, desaparecería por completo, asegurando así el buen cumplimiento en la administración hasta el último día de su período.

Creo además, que otro gran paso sería colocar al presidente en relación más estrecha con el congreso al iniciarse el período legislativo y sus debates, sobre todo por lo que se refiere a los asuntos del presupuesto y a la administración económica del gobierno. Pero vivimos en una edad de iconoclastas, y si surge un movimiento que de fuerzas para introducir una pequeña reforma que la experiencia aconseja y sostiene, los beneficios que de ella pudieran derivarse, podrían ser a su vez excedidos por el peligro que encarna un cambio radical en la Constitución, subversivo de los grandes servicios que le ha asegurado al pueblo norteamericano.

PODER LEGISLATIVO.

Como todo presidente está a ello obligado, yo también pronuncié infinidad de discursos y la persona que me introdujo al público, en su afán de alabar la ocasión antes que al orador, con frecuencia comenzaba por decir que iba a presentar a un hombre que ejercía mayor poder gubernativo que ningún monarca europeo. No necesito-puntualizar lo incorrecto de esta aseveración comparando los poderes del presidente norteamericano con los de aquellos soberanos cuyos países carecen de un gobierno legislativo popular.

En los gobiernos parlamentarios (llamados gobiernos responsables), la cabeza del Estado, si es un rey, domina, pero no manda, y si es presidente o gobernador general, preside, pero no gobierna. Existe en tales gobiernos un hombre, sin embargo que ejerce en ciertos respectos mayor poder del que tiene un presidente. Es ese el leader de la mayoría de las cámaras populares, es decir, el jefe del gobierno o presidente del consejo de ministros, quien ejerce tanto las funciones ejecutivas como las legislativas. El poder ejecutivo, sea él rey o presidente, acata sus recomendaciones, por lo que se refiere al trabajo ejecutivo y entonces el jefe del gobierno, con sus colegas de gabinete, controla la legislación. Sería obvio discutir cual de las dos formas de gobierno es la mejor y puede asegurarse que en general los que tienen un gobierno parlamentario, responsable, como se le llama, les gusta esa forma, en tanto que a nosotros nos gusta la nuestra. La nuestra es más severa por cuanto separa el ejecutivo del legislativo; pero se asemeja al gobierno parlamentario en que la rama judicial de ambos depende de las otras dos.

Nuestros antecesores actuaban bajo la influencia de Montesquieu, y creían que en la independencia y separación de la legislatura, tanto el ejecutivo como el poder judicial proyectaban mayores seguridades de libertad civil.

Se dice con frecuencia que un gobierno parlamentario es más responsable ante la voluntad del pueblo que nuestro inflexible sistema de elegir un presidente cada cuatro años y de un congreso cada dos. Este modo de pensar no es del todo admisible. El gobierno es responsable ante los puntos de vista de los miembros más populares del parlamento y si en esos puntos de vista no hay cambio, duran, por lo menos en Inglaterra, cinco años sin consultar al electoral público. En otras palabras, un gobierno parlamentario es responsable únicamente ante un parlamento particular, nunca ante el pueblo. Tal gobierno ofrece mayor eficiencia por cuanto la misma voluntad o voluntades controlan la acción ejecutiva y legisladora y la una puede amoldarse a la otra, mientras que el presidente de los Estados Unidos, por ejemplo, carece de propia iniciativa en lo que respecta a la legislación que la ley le otorga, exceptuando una mera recomendación, y no tiene método o forma legal de entrar en argumentos o discusiones de la propuesta legislación mientras ésta está pendiente en el Congreso.

Para el que tiene a su cargo las responsabilidades de la presidencia, sobre todo cuando cuenta con promesas de partido que cumplir, este sistema me parece defectuoso. Pero cualquiera que haya sido mi opinión al respecto mientras estuve en la presidencia, creo ahora que el defecto existe más en la teoría que en la práctica. Sucede general mente que el partido que logra elegir un presidente tiene éxito también en la elección de un congreso que lo apoye, y la natural fuerza de adherencia y lealtad, lo mismo que cierto prestigio que rodea al presidente al entrar en funciones, hacen que ejerza sobre su primer congreso considerable influencia moral para bosquejar y hacer ley los proyectos prometidos al partido.

La historia de la actual administración norteamericana sostiene mis teorías al respecto. Con frecuencia vemos eme el segundo congreso de la administración contiene una mayoría política adversa al presidente en una o ambas cámaras, y cuando eso sucede, la legislación se limita a la apropiación de proyectos y de medidas no políticas, si alguna existe. Naturalmente que en estos casos el presidente lucha bajo la imposibilidad de hacer ley proyectos que él estima de gran valor; pero, en general no creo que con ello se perjudique al país, sobre todo dentro de esta época y generación en que el tósigo del método político y el peligro de los mejores intereses del país, radica en la abrumadora masa de mal digerida legislación.

Vivimos en un estado de mente pública y política en eme los legisladores parecen conceder más importancia a la aprobación de una ley que a los resultados de su compulsión. Presenciamos con lamentable frecuencia que el valor de la legislación no representa los buenos e intrínsecos resultados de su operación, sino una simple cualidad para obtener votos, es decir, que se hace uso de ella a manera de miel, para cazar moscas políticas. Por consiguiente, una ley que tiene la virtud de forzar la legislación a dos años de reposo, no es del todo mala, porque ofrece una gran oportunidad para estudiar, madurar y corregir los defectos de una ley ya sancionada. El mundo no va a ser salvado por la legislación, como tampoco la frase mágica "cúmplase", a la que la escuela política moderna le atribuye tanta importancia; va a sufrir porque los legisladores se tomen dos años de asueto ele cuando en cuando.

DEL VETO, EL PRESIDENTE Y LAS CÁMARAS.

Las funciones del presidente son tanto legislativas como ejecutivas. Entre las ejecutivas encontramos una marcada tendencia a ir dividiendo gradualmente sus deberes entre la netamente ejecutiva y la casi legislativa y casi judicial. La facultad del veto, sin embargo, es exclusivamente legislativa. La constitución estipula que después que las dos cámaras hayan aprobado un proyecto, sea presentado al presidente ; que si éste a su vez lo aprueba debe autorizarlo con su firma, de lo contrario lo devolverá, con las objeciones pertinentes a la cámara de origen, la cual procederá a estudiarlo, y que si las dos terceras partes de los miembros convienen en que debe hacerse ley, se envíe, junto con las objeciones del presidente, a la otra cámara, donde se revisará y si es también aprobado allí por las dos terceras partes, se promulgue como ley.

Hase afirmado que la facultad del veto es ejecutiva, más, por mi parte, no veo como pueda serlo. Por lo pronto el presidente no tiene ingerencia alguna en el bosquejo de un proyecto de ley, ni en los debates y enmiendas sobre el mismo. Tampoco está facultado para vetar una parte del proyecto y hacer ley el resto, sino que debe aceptarlo o rehusarlo en todas sus partes, y su rechazo no es además final, si no encuentra en cualquiera de las dos cámaras un voto favorable que lo apoye. No obstante esto, el presidente es participe en la legislación, y, excepto por su anhelo natural, debido a las circunstancias, de no oponerse a la voluntad de los dos grandes cuerpos legislativos, para conservar la armonía en el gobierno, el medio que lo rige en su acción debe ser el mismo que controla a los miembros de la legislatura.

En la convención constitucional, de los Estados Unidos, se ha propuesto un estudio de la revisión de proyectos de ley que hayan sido aprobados ya en ambas cámaras, por un consejo que incluyera al presidente y a los jueces supremos, con la facultad de rechazar aquellos proyectos que infringieren los límites de la discreción constitucional.

En un artículo publicado por Mr. E. C. Mason sobre el origen del voto, expresa la opinión de que es el resultado de una función legislativa del rey de Inglaterra, ya en desuso. En aquel país el rey tenía teóricamente la facultad del veto con carácter de absoluto y definitivo. Esa prerrogativa no fue ejercida desde 1707, de suerte que la sanción es hoy pura formalidad preparatoria de la promulgación. Sólo hubo en los Estados Unidos cuatro presidentes que no ejercieron la facultad del veto: George Washington, John Adams, Thomas Jefferson y Quincy Adams.

Todos ellos tuvieron la suerte de contar con un congreso amigo durante su período presidencial, y sólo una vez se opuso Jefferson seriamente a firmar un proyecto que le fue presentado.

Es un hecho indiscutible que el veto abunda más cuando el presidente y su congreso difieren políticamente, y es entonces cuando uno oye a los legisladores de la oposición denunciar, con to da su elocuencia y énfasis posible: "el uso de una prerrogativa real que ofende la voluntad del pueblo". Cuando desde el sillón presidencial uno oye por primera vez esas palabras, no dejan de afectarlo, y por su imaginación pasan visiones de la suerte que cupo a Carlos I, pero después de algún tiempo llega a acostumbrarse a esas manoseadas expresiones de legisladores a quienes el veto de una ley favorita ha defraudado en sus esperanzas. Dicho sea en honor de la verdad, el presidente con frecuencia representa mejor la voluntad de toda la nación que la mayoría de una o ele las dos cámaras. Su alto cargo se lo debe al voto electoral del país entero y por ese motivo se encuentra más apartado de la influencia de los intereses locales o del juego de esas fuerzas que unidas por algún motivo a veces constituyen la mayoría en ambas cámaras para imponer cierta clase de legislación. Es, pues, a todas luces absurdo criticar al presidente en el uso del veto diciendo que ejerce prerrogativas reales contra los intereses del pueblo. Históricamente el acto encuentra su prototipo en el veto real de la constitución inglesa, pero ningún rey de la Gran Bretaña lo ha practicado durante los últimos doscientos años, y de haberlo hecho, perdería para siempre el trono. Aquí, en los Estados Unidos, lo mismo que en las demás naciones donde existe el sufragio, el veto no es un acto heredado de un monarca, sino el de un ciudadano elegido por todo el pueblo para que represente al pueblo mismo, y por ley fundamental es el encargado de su ejecución.

La constitución manda que si el presidente no devuelve dentro de los diez días (exceptuando los domingos y festivos) un proyecto que le haya sido presentado, se convertirá en ley aun careciendo de su firma, a menos que durante ese tiempo el congreso hubiese diferido sus sesiones, en cuyo caso el proyecto no se convierte en ley.

La corte suprema, por lo menos en los Estados Unidos, nunca ha decidido si un presidente que haya firmado un proyecto dentro de los diez días, le da el valor de ley si el congreso se clausura dentro de ese mismo tiempo antes de estar firmado. La corte se limita a decir que el presidente puede firmar un proyecto de ley durante las vacaciones del congreso. Paréceme, sin embargo, que la práctica aconseja en forma terminantemente clara, que el presidente no debe autorizar con su firma ningún proyecto después de la suspensión de las sesiones legislativas. En Norte América sólo existe un ejemplo de estos casos y fue cuando el presidente Monroe olvidó autorizar con su firma un proyecto de ley que pensaba firmar. Después de consultar con su gabinete decidió que sería más prudente pedir al congreso que lo decretara de nuevo. Por su parte el presidente Lincoln firmó otro proyecto después de clausurado el congreso; pasó al ministro de Estado y fue impreso entre los estatutos. Cuando se expuso el asunto en presencia del senado, sin embargo, se discutió la facultad del presidente al respecto y fue negada. Un nuevo proyecto substancialmente lo mismo que el anterior, fue aprobado por las dos cámaras y mereció la firma del presidente.

La forma en eme está redactada la constitución de los Estados Unidos, por lo que se refiere a un proyecto, sólo le concede al presidente dos alternativas: una, que si lo aprueba debe firmarlo, y la otra, que ha de devolverlo con sus objeciones. Previene también que si deja de devolverlo dentro de los diez días se convertirá en ley; pero esta estipulación es más bien para evitar negligencias por parte del primer magistrado. En la práctica, sin embargo, algunos presidentes han permitido que ciertos proyectos se convirtan en ley sin su firma, con la idea, según presumo, de que las objeciones no lo desaprobaran afirmativamente, puesto que no eran de tal carácter que justificaran el veto. Mi propia opinión al respecto es eme el presidente debe en esos casos firmar el proyecto, devolviéndolo a la cámara acompañado de un memorándum en el que exprese los motivos de esa medida a pesar de sus objeciones.

Hay un veto, llamado vulgarmente "embolsado", y es el que se practica poco tiempo antes de la clausura del congreso, cuando el presidente no tiene tiempo de estudiarlo cuidadosamente por habérsele presentado en los últimos momentos y no firmándolo a tiempo deja de ser ley. Es esta una práctica conveniente, puesto que tiende a evitar que el congreso presente en los últimos instantes proyectos de dudosa utilidad o validez, porque el tal "veto embolsado" es terminante y no dá al congreso la oportunidad de que el voto de las dos terceras partes de sus miembros se oponga a la voluntad del presidente y lo sancione. No creo que en un siglo y cuarto de nuestra historia política, hayamos los habitantes de los Estados Unidos sufrido por motivo de la facultad del veto. Si el pueblo realmente quiere legislación, un veto no ha de impedírselo; tardará probablemente dos o cuatro años, pero al final la voluntad del pueblo se impone.

La experiencia nos ha mostrado que ningún presidente hace uso del veto por simple gusto propio. Es natural que dado el caso tenga razones poderosas para oponerse a la acción de la mayoría en ambas cámaras, y en sus objeciones ha de hacer constar, no meras diferencias de opinión sobre la utilidad práctica del proyecto, sino el por qué, en su fundado concepto, puede ser perjudicial al bien común del pueblo o tan pernicioso como precedente que justifique su proceder de suspenderlo hasta que el pueblo mismo tenga nueva oportunidad de decidir en futuras elecciones.

SEGUNDA PARTE

Poder ejecutivo.

Habiendo examinado en el capítulo anterior el poder legislativo del presidente, paso ahora a estudiar sus atribuciones exclusivamente ejecutivas.

El presidente de la república está investido con la facultad de inquerir de los jefes ejecutivos de los distintos departamentos respecto a todos los asuntos que tengan lugar en sus correspondientes reparticiones; debe informar al congreso nacional de la marcha del país y recomendar se tomen aquellas medidas que se hicieran necesarias; incúmbenle los nombramientos de altos jefes, así como el convocar el congreso a sesiones extraordinarias y suspenderlo en el caso de discordia entre ambas cámaras.

Ministros del gabinete.

La constitución de los Estados Unidos no hace referencia alguna al gabinete ni lo reconoce como un cuerpo legal, aunque en ciertos estatutos, hechos a la ligera, aparezca la expresión: "miembros del gabinete" y la corte suprema haya hecho uso de ese término en sus deliberaciones sobre el poder ejecutivo. La constitución no parece estimar una asamblea en consejo de los jefes de esos departamentos sobre el estado, y la historia de Inglaterra presenta una analogía al respecto. El gabinete no es en la Gran Bretaña un cuerpo conforme a los estatutos establecidos por la ley, puesto que solo existe por costumbre. De ahí que todo el sistema de un gobierno responsable, por el cual un voto indicando falta de confianza en el jefe del gabinete y sus colegas, implique su dimisión, mientras que en el sentido inglés es constitucional, solo reside en el hábito. El jefe del gobierno inglés, al elegir sus colegas de gabinete, lo hace entre aquellos miembros del parlamento que más eficazmente puedan cooperar con él para conservar la confianza indispensable de la mayoría. Los miembros del gabinete en tales gobiernos tienen una fuerza independiente y sus voces respectivas ejercen en consecuencia mayor importancia. Cada uno de ellos, lo mismo en una que en otra cámara, debe estar preparado para con testar las preguntas que se le dirijan, defender al gobierno y abogar por la legislación que persigue y de la cual es responsable. A los ministros ingleses, por lo tanto, debe rodearlos cierta competencia no absolutamente necesaria en la persona de un gabinete presidencial.

Sin violar en ninguna forma las limitaciones constitucionales, el congreso de la república podría muy bien autorizar a los jefes de departamentos o sean los miembros del gabinete presidencial, para que tengan acceso a la cámara, propongan medidas y aboguen por ellas, contesten preguntas y tomen parte en los debates como si fueran miembros. Esto impondría al presidente mayor celo en elegir su gabinete, prefiriendo a hombres de experiencia legislativa que pudieran defenderse en los debates y estimularía a los ministros del gobierno hacia una mayor investigación en los asuntos de su cargo. Por otra parte, proporcionaría al ejecutivo lo que debe tener, –alguna iniciativa en la legislación y la oportunidad de la presencia de representantes aptos que pu dieran informar a ambas cámaras sobre los hechos respecto a la operación de la legislatura existente y la marcha actual del gobierno – lo que no le es fácil saber al congreso por medio de sus comisiones investigadoras. El tiempo perdido por el congreso en inútiles discusiones sobre ciertas materias y que podría evitarse con una simple exposición del ministro correspondiente, nadie puede apreciarlo sin haber desempeñado ese cargo.

No es costumbre conservar minutas oficiales de las reuniones del gabinete. Estas reuniones solo tienen lugar a opción del presidente y puede evitarlas por completo si así le place. Todo en ellas es informal; los asientos asignados a sus miembros están en torno de la mesa del gabinete según el uso oficial, con el presidente a la cabeza y esa es la única forma observada que conozco.

El despacho del presidente no es una oficina de registros y el vasto montón de correspondencia, que por él pasa, ya sea firmada por el presidente mismo o por sus secretarios, no es propiedad del gobierno a menos que pase al archivo oficial de la repartición a quien va dirigida. El presidente al cumplir su término, lleva consigo toda la correspondencia, original y copiada, tenida durante su administración. No ha mucho tiempo que ha blando sobre este punto con Mr. Robert Lincoln, me explicó que durante el período presidencial de su padre, grande como debió haber sido el movimiento, debido a la guerra civil, no hubo prácticamente ninguna correspondencia, excepto la puramente personal, que atendían dos empleados, en el despacho del ejecutivo. Toda era enviada a los diferentes ministerios para su curso, algunas ve ces con un simple memorándum del presidente al pie, mientras que ahora el ejecutivo requiere un verdadero ejército de empleados, estenógrafos y dactilógrafos para desempeñar el trabajo necesario. Al presidente Lincoln se le atribuye el dicho de que, en el gabinete, después de exponer y discutir las varias opiniones, solo había un voto, y ese era el voto del presidente.

Del presidente y las cámaras.

La facultad y el deber del presidente de in formar al congreso sobre la marcha del país y recomendar las medidas a tomarse, apenas requieren un comentario. Por lo que se refiere a los Estados Unidos, tanto el presidente Washington como Adams lo tomaron como una excusa, para visitar en persona el recinto legislativo y debatir oralmente sobre sus mensajes.

Cuando Jefferson ocupó la presidencia carecía del don de la palabra, y, por lo tanto, prefería enviar sus mensajes por escrito, y esa ha sido la práctica hasta el presidente Wilson, quien introdujo la costumbre de dirigirse en persona a ambas cámaras.

Tengo para mí que esta innovación es buena, porque fija la atención del país en el congreso, y a su vez la de este último en sus recomendaciones al presidente. No puedo menos de lamentar ahora la oratoria perdida debido a que tanto Roosevelt como yo, omitimos, durante nuestras respectivas presidencias, inaugurar ese cambio, implantado últimamente por Mr. Wilson.

Es deber del presidente nombrar magistrados, ministros, oficiales y agentes en comisión, lo que implica, a mi juicio, la labor manual más grande que el presidente tiene que desempeñar. Cuando uno piensa en el sinnúmero de nombramientos oficiales que tiene que hacer, y la cantidad de correspondencia que se ve obligado a firmar personalmente, se puede dar cuenta del trabajo diario que ello significa.

Sus atribuciones para convocar el congreso a sesión extraordinaria y sus facultades para clausurarlo en el caso de que ambas cámaras no concuerden al respecto, están expresados así en la constitución de los Estados Unidos:

"El presidente podrá, en casos extraordinarios, convocar a ambas cámaras o solo una de ellas, y en el evento de existir divergencias entre sí con respecto al período o fecha de suspender las sesiones, podrá clausurarlas por el tiempo que juzgue conveniente".

Cuando yo convoqué al congreso de Washington a sesiones extraordinarias con la idea de que se promulgara como ley el proyecto de reciprocidad, los leaders de la mayoría democrática del congreso temían que el senado suspendiera sus sesiones una vez aprobado el proyecto y que la alta cámara no tendría la oportunidad de sancionar ciertas medidas para uso político en las próximas elecciones. En vista de esto los miembros del congreso se acercaron a mí para saber si, en tales circunstancias iba yo a hacer uso de mis faculta des y clausurar esa alta cámara, según era voz corriente. Nunca pensé en semejante cosa y así lo expuse ante ellos.

He observado en la reciente controversia habida en Washington sobre la clausura del congreso, que infinidad de personas se dirigieron al presidente Wilson instándolo a que suspendiera las sesiones de esa cámara, esto es, que hiciera uso de lo que la oposición política hubiera tildado de "prerrogativa real". En el examen de esta cláusula, me incliné a creer durante mi período que la facultad del presidente se limitaba tal vez a la suspensión de las sesiones extraordinarias del congreso, pero como el caso no se presentó en mi administración tampoco hice de él mayor estudio. Leyéndolo ahora paréceme que las atribuciones del ejecutivo al respecto no se limitan a las sesiones extraordinarias y por consiguiente, en el caso actual, el presidente Wilson pudo, no obstan te tratarse de sesiones regulares, clausurar el congreso. Según entiendo, esta facultad nunca se ha puesto en práctica en los Estados Unidos.

OBLIGACIONES POLÍTICAS.

Las atribuciones constitucionales del presidente parecen a primera vista ser muy amplias y seguramente lo son, pero los que hablan del gran poder del presidente tienen la idea de que todo lo que hace el ejecutivo está bien, como los besos por favor, pero la verdad es que la presidencia ofrece pocas oportunidades de esa naturaleza. La responsabilidad del ejecutivo es tan grande; el deseo general de que todo hombre que ocupe ese puesto ha de merecer la aprobación de sus conciudadanos haciendo lo que mejor convenga al país, es tan fuerte, y el temor de ganarse la justa censura pública, constituye tal freno, que es difícil para nadie que haya pasado por la magistratura cuatro años acordarse de los muchos favores personales que haya podido ofrecer o conferir.

Hay ciertas obligaciones políticas que la costumbre de un partido requiere que el presidente las cumpla por medio de una recomendación de los diputados, senadores u otras personas que han intervenido en la campaña política en la cual tuvo éxito. Sería de desear que esas obligaciones fueran reducidas a su mínima expresión por medio de un cambio en la ley. Pero volvamos a esa clase de facultades que en su imaginación le atribuye el público al presidente, y que según ella puede hacerlo todo, desde agraciar a un hombre y humillar a otro, hasta castigar a un tercero para satisfacer el mando, la vanidad o la venganza del que está en el poder. Tal no existe, y la verdad es que grandes como son sus poderes, cuando un presidente llega a ejercerlos, se preocupa más de las limitaciones sobre ellos para ver de no excederlas en lo posible.

EN CASO DE INHABILIDAD.

En los Estados Unidos al presidente se le proporciona una casa donde cómodamente pueda vivir estilo hogar propio, y me aventuro a decir que en todo el mundo no existe una residencia oficial más apropiada para un jefe del ejecutivo, ni que mejor se adapte a la sencilla y democrática vida del pueblo norteamericano, eme la Casa Blanca de Washington.

Es dignificada, hermosa, cómoda y ofrece facilidades para que el presidente pueda recibir y atender a sus invitados. Tal vez sea más limitada en su ornamentación que los palacios europeos, pero comprende todo lo necesario para rodear al presidente con aquel confort y aquella libertad que debe tener un jefe del ejecutivo en ejercicio.

Existe la vulgar impresión de que un presidente no puede salir del país porque la ley se lo prohibe, y eso no es cierto. Lo único que estipula la ley norteamericana al respecto es lo expresado en aquel párrafo constitucional que dice que el vice ocupará el lugar del presidente cuando éste esté inhabilitado para desempeñar su cargo. Ahora bien: si el presidente se encuentra fuera de la nación, en un punto donde no le sea posible desempeñar las funciones necesarias que sobre él recaen, tal inhabilidad puede surgir, pero las comunicaciones telefónicas, cablegráficas e inalámbricas, son hoy tan perfectas, que sería difícil para un presidente ir a ninguna parte donde no pudiera estar en constante comunicación con sus subalternos y expresarles sus deseos. A decir verdad, por lo que respecta a los Estados Unidos, los presidentes rara vez han salido del territorio nacional y cuando lo hicieron fue justificadamente, en favor de los intereses públicos. El presidente Roosevelt visitó la zona del canal de Panamá con el objeto de ver como iban los trabajos, lo que sirvió de estímulo a los encargados de llevarlos a cabo. Yo mismo, durante mi período presidencial, hice después exactamente igual, viajando en un bu que del gobierno de la Unión, amparado por nuestra bandera, lo que técnicamente equivalía a estar en tierra norteamericana. El canal es nuestra propia zona y Mr. Roosevelt solo estuvo unas cuantas horas fuera de ella, cuando pasó a Panamá, para almorzar con el presiente de aquella república. Exactamente lo mismo hice yo cuando almorcé con el presidente Díaz, de México, en Ciudad Juárez, al otro lado de la frontera, y no hubo nadie en todo el país que pudiera decir que habíamos dejado de cumplir con nuestras obligaciones constitucionales.

Protección policial.

El hecho de que en los Estados Unidos hayan sido asesinados tres presidentes, indujo al congreso a pasar una ley para que se le prestaran servicios de policía secreta al ejecutivo, tanto en Washington como cuando se encuentre fuera de la capital. Presumo que la experiencia ha demostrado que es necesaria esta medida, pero mientras fui presidente nunca tuve ninguna preocupación personal al respecto, aun entre grandes multitudes, y fueron muchas las veces que en esos lugares propicios al asesino me encontré. Sin embargo, el record de los presidentes asaltados es tal, que si el congreso no hubiera tomado cartas en el asunto, se le habría tachado de abandono voluntario. Ello implica, empero, una gran carga para el presidente, porque nunca puede ir a ninguna parte sin imponerles a los que desea ver o visitar, el peso de la presencia de una guardia de corps, y es difícil también sustraerse a la creencia de que uno está vigilado por cierta gente más bien que protegido por otra. El cuerpo de este servicio está compuesto ele hombres sensatos, experimentados y de indiscutibles buenas maneras; son prudentes en sus métodos y grandes expertos para distinguir aquellos donde radica el mayor peligro, es decir, de los parcialmente dementes o maniáticos. Si una persona está decidida a matar a un presidente y dar por ello su propia vida, ninguna protección basta; pero tales personas son raras y el peor peligro viene de aquellos que han perdido parte de su raciocinio y a quienes la presencia del presidente entre la comunidad; excita. Podré estar equivocado al respecto, pero tengo para mí que con los expertos con que hoy contamos y el sistema en uso, el asesinato del presidente Mackinley, en Buffalo, por ejemplo, pudiera posiblemente evitarse, puesto que la presencia de un asesino, con un revólver envuelto en su pañuelo, podría hoy ser advertida a mucha distancia antes de que se pusiera dentro del alcance de su objetivo.

EL PRESIDENTE Y EL PUEBLO.

El presidente representa tan bien al partido que le asegura el poder por medio de sus promesas al pueblo, y todo el gobierno está tan identificado en la mente del público con su personalidad, que lo hacen responsable de todas las omisiones que se vayan notando. Esto sería realmente burlesco, si a veces no tuviera serios resultados.

El presidente no puede obligar a las nubes que despidan agua; no le es posible hacer que el maíz crezca, ni puede conseguir que los negocios marchen siempre bien; y sin embargo, cuando estas cosas realmente ocurren, los partidos se atribuyen el crédito de todo lo bueno que en este sentido sucede.

El presidente no tiene poder sobre la Legislatura del Estado, la cual abarca un anchísimo campo, y que en muchos respectos se acerca más a la felicidad del pueblo que lo que está el gobierno federal. Pero el poder federal se ha extendido tanto en volumen con el desarrollo del comercio interior y en el desempeño de otras funciones nacionales, que existe la idea de parte de muchos, aún de aquellos que debían tener mayor conocimiento de las cosas, de sostener que, puesto que a su juicio las provincias no se han mostrado tan activas como ellos quisieran, en la supresión de ciertos daños, el hecho debía de proporcionarle al gobierno de la Nación autoridad adicional, y parecen pretender que el presidente y el congreso deberían de asumir esas nuevas funciones.

Dicho se está que por lo menos en los Estados Unidos este cambio daría por tierra con todo el sistema federal. La importancia de ese sistema es con frecuencia mal interpretada. Su esencia consiste en conceder al pueblo, por medio del Estado, control local sobre sus asuntos locales, limitando los nacionales y generales a la dirección del gobierno central. Nuestra experiencia con la administración de las tierras públicas; con el control de la riqueza mineral; con el sistema de irrigación de zonas áridas que hemos emprendido, y del uso de muchas caídas de agua propiedad del gobierno nacional, nos ha mostrado que es extremadamente difícil para el gobierno central administrar aquello que por su naturaleza es de pertenencia local, lo que por otra parte equivaldría a implantar una política nacional que con frecuencia estaría en pugna con el punto de vista local. Tal sistema de centralización gubernamental, en el que el presidente y el congreso regularizarían los principales pasos del pueblo, pronto tendría la virtud de poner término a nuestra unión nacional, y, por consiguiente, aquellos que pretenden una extensión de poderes para el gobierno, desconocen por completo la peligrosa proposición que insinúan.

Hay después otra clase de gente, que creen que el gobierno debe hacerlo todo, debe regularizar a todo el mundo y todas las cosas –es decir, arreglar a los otros, no a ellos– y estos filósofos políticos cargan al presidente con todo lo que se hace o deja de hacerse. Si hay indigencia, donde en su opinión no debería de existir, el presidente es el inmediato responsable. Si bien es verdad que las facultades del presidente son amplias, no lo es menos que no puede hacer todas las cosas, puesto que sus líneas de jurisdicción son tan fijas como puede sentarlas una constitución escrita. Tiene y tropieza con enormes responsabilidades y hace cuanto bueno está en su poder. Mientras podemos diferir con él en puntos de vistas, mientras podemos creer que no pone de relieve su mayor previsión o que se rodea de personal mediocre, debemos tener siempre presente que es la cabeza de nuestro gobierno, que representa nuestra nacionalidad y nuestro país, y que, por último, es nuestro deber de ciudadanos y de patriotas apoyar sus manos, darle crédito por un alto sentido de deber y de conciencia en el desempeño de sus funciones. Los santos ideales y la disciplina inteligente que una gran nación inspira, impone sobre nosotros una responsabilidad especial de caballeros y de ciudadanos para conducirnos como amigos de la autoridad constituida, como sostenedores de aquellos sobre los cuales el pueblo ha conferido la dirección, y como respetuosos del saber, de la experiencia y altos propósitos patrióticos.

Hay que desterrar para siempre esa petulante falta de respeto por el sillón que el ejecutivo ocupa o hacia él mismo como ocupante, porque fue el pueblo quien lo eligió, y durante su término presidencial es la expresión concreta y representativa de la dignidad y soberanía del pueblo mismo.

TERCERA PARTE

De los nombramientos.

Una de las grandes atribuciones del ejecutivo y que, en el sentido práctico le da más poder personal que ninguna de cuantas le confiere la constitución, es la que se relaciona con los nombramientos. Es esta una facultad que señala sus responsabilidades ante todo el gobierno federal y que conserva su presencia personal, por decirlo así, no solo en la extensa jurisdicción nacional, sino en todo el mundo civilizado, en la persona y actividades de miles de servidores de la nación.

Embajadores, ministros, cónsules, magistrados de la Corte Suprema y tantos otros empleados de la administración, son nombrados por el presidente de la república, unas veces con la sanción del senado y otras sin ella, según los casos. Al congreso le está permitido conferir al presidente el nombramiento de cargos inferiores en los tribunales federales y jefes de departamento, pero a estos jefes apenas puede llamárseles inferiores, y el lenguaje en que está redactada la constitución deja la duda de si el congreso puede autorizar al presidente su elección, por lo que se refiere al gabinete, sin ser confirmada por el senado. Este asunto, sin embargo, no debe preocuparnos, al menos por lo que respecta a los Estados Unidos, puesto que no es probable que el senado haga uso de sus actuales derechos para cohibir al presidente en la elección de su familia oficial. Por otra parte, la influencia del prestigio presidencial sobre el congreso, por lo que toca a nombramientos, se va haciendo más evidente a medida que se alarga su período, además de que los puestos que tiene que ocupar se hacen menos frecuentes. Esta regla puede decirse que se hace en verdad extensiva a todos los presidentes.

Pero el asunto de los nombramientos, excepto en los casos de mayor importancia, debería desligarse, en alguna forma práctica, de los deberes del ejecutivo. Al presidente no se le debe obligar a que emplee su tiempo en la elección de personal alguno, excepto en lo que se refiere a magistrados de las cortes, ministros del despacho, oficiales de sus secretarías, embajadores, ministros, oficiales del ejército y alta oficialidad de los buques insignia de la armada. La ley, pues, debería permitirle al presidente llenar esos puestos sin la intervención del senado y en esa forma podría clasificarlos todos por medio de un sistema de méritos introducido especialmente para nombramiento y promociones. Así los altos servidores de la nación, tales como administradores de correos, de impuestos, de aduanas y todos sus inmediatos debían ser permanentes, nombrados y elevados en su cargo, después de un examen en que probaran su competencia.

No me explico ni puedo exagerar, el tiempo que pierde el presidente, el desgaste en la vitalidad, que para él envuelve la intervención del congreso en los nombramientos locales. Mientras éstos continúen siendo políticos, los gastos de la administración serán mucho mayores de lo que debían ser. Después de larga experiencia me aventuro a decir que si los empleos locales importantes de todo el país, que ahora dependen del gobierno federal, fueran puestos bajo un servicio clasificado, un examen de los aspirantes satisfaría al congreso y al poder de nombramientos, y tendríamos que los subadministradores o secretarios de correos, impuestos y aduanas administrarían mejor de lo que lo nacen hoy los jefes políticos de cada una de esas reparticiones, y el único cambio necesario sería el de aumentar, en un pequeño porcentaje, el sueldo de los secretarios.

En esta forma casi todos los haberes de los actuales jefes políticos en las oficinas locales del país podrían ser ahorrados en favor del erario. Año tras año, durante los cuatro de mi presidencia, he aconsejado al congreso de los Estados Unidos la adopción de este método en el nombramiento de los jefes de esos departamentos, pero mi recomendación al respecto cayó en oídos sordos. Ningún presidente, que yo sepa, ha podido conseguir des hacerse de esa inveterada costumbre. Los diputados y senadores creen generalmente que por medio de la forma actual mantienen mejor la organización política local que ha de ayudarles a ser re electos. A mi entender, sin embargo, al final de cuentas perjudica más que favorece al que hace uso de esa forma particular, pero de todas maneras es evidente que fortalece a las máquinas y vividores políticos. Si las personas y partidos que favorecen la abolición de esos políticos y la suspensión de esas máquinas en el congreso, mostraran la buena fe y sinceridad que deben concurrir en ellas, podrían promover la causa que tan alta mente proclaman como eficiente poniendo en práctica la ley a que me he referido.

La ley fija en los jueces el nombramiento de empleados de las cortes. Los jueces son, ante todo, hombres, y cuando se les han conferido atribuciones ejecutivas o casi políticas, es decir, cuando ejercieron patrocinio, han probado ser exactamente iguales a los demás.

Los empleados subalternos nombrados en distritos federales llegan a ser miembros de la familia oficial de los jueces. Se vanaglorian de las ganancias de sus respectivas secciones y se inclinan a sobrecargar los derechos. Triste es decirlo, pero el privilegio de que gozan como miembros de la familia del juez, tiende a grandes abusos y la aversión que algunos magistrados tienen a llamarlos al orden en el cumplimiento de su deber, es demasiado conocida de los jefes de secciones y de los inspectores cuya misión es la de examinar sus cuentas. Cuando yo fui presidente de mi país recomendé se me diera la libertad de remover tales empleados por una causa justa, de acuerdo con el informe del procurador general, pero no se tomó ninguna acción al respecto, no obstante existir buen número de casos notoriamente justificados para mi recomendación.

DEL JURAMENTO Y DE LA LEGISLACIÓN ESPECIAL.

El presidente presta juramento de desempeñar con lealtad el cargo del ejecutivo, defendiendo la constitución nacional y haciendo observar fielmente las leyes del país. Este es, sin duda, el poder más grande que tiene. Al hacer cumplir, por medio de los correspondientes departamentos del gobierno, lo dictado por el congreso, su camino es perfectamente claro. Sus obligaciones así dirigidas brotan en tal forma que pocas gentes comprenden su alcance hasta que no estudian la organización práctica del gobierno. Muchos de estos deberes son casi legislativos y casi judiciales. Para poder hacer los estatutos prácticos, el congreso con frecuencia se ve obligado a conferenciar con el subalterno presidencial que ya a implantar una ley, sobre la facultad de imponer reglas y reglamentos que son legislativos en su naturaleza.

Esta obligación de preparar reglamentos para la compulsión de los estatutos implica su construcción y precisamente la construcción de estatutos es en realidad una de las atribuciones más grandes del ejecutivo. Claro está que esencialmente cuando los estatutos afectan intereses particulares pueden ir hasta las cortes, pero existen muchos de estos casos que no interfieren con los intereses privados en tal forma que deban estar sujetos a legislación.

La legislación del congreso con frecuencia impone penas pecuniarias, como en el caso del contribuyente. Después de haber cobrado la contribución se forman tribunales ejecutivos para aprobar las reclamaciones y devolver el dinero indebidamente cobrado. Las contribuciones deben ser cobradas de acuerdo con el proceso señalado por la ley, pero a la alta cámara no se exige que proporcione la oportunidad para una construcción judicial de las leyes sobre impuestos.

En los Estados Unidos, por lo menos, el congreso nunca ha hecho esto, pero en última instancia ha concedido al contribuyente la oportunidad de apelación en la corte federal.

La legislación del congreso con frecuencia confiere derechos de propiedad o privilegios de valor a los que llenan sus requisitos, y a los tribunales judiciales o ejecutivos, se les faculta para que aprueben tales derechos o privilegios.

La solicitud de una patente de invención, por ejemplo, se hace al administrador de patentes o a un subordinado; pero no se ha hecho estipulación alguna para apelar en la decisión al ministro del interior y en último término a la corte. Las pensiones militares, sin embargo, así como otros privilegios sobre tierras públicas, son concedidos después de una exposición oral ante un tribunal ejecutivo. De acuerdo con la ley de inmigración, los empleados respectivos ejercen una función casi judicial, sujeta al examen del jefe del departamento únicamente, con el fin de determinar la elegibilidad de los inmigrantes de entrar en el país o la necesidad de deportar a los que han entrado ilegalmente.

Consideremos ahora el retiro de dinero del tesoro bajo una ley de apropiación. El retiro del warrant debe ser sancionado por el administrador del tesoro, a quien incumbe decidir, de acuerdo con los estatutos, si el warrant es legal y si el dinero puede ser retirado. Ese administrador, o contralor, es nombrado por el presidente y si al ejecutivo no le satisface tal contralor y su decisión, puede removerlo y nombrar otro en su puesto, pero el presidente no puede, en cambio, refutar ni cambiar su decisión. Su función es, como la otra a que me he referido, casi judicial. Si su demanda es rehusada por el presidente, el peticionario puede llevar el caso al tribunal de reclamaciones, mientras que si aprueba la acción del administrador, tanto al pueblo, como a los interesados por la cosa pública no les queda apelación alguna, puesto que la decisión del ejecutivo es en este caso final.

Antiguamente las reclamaciones contra el gobierno no encontraban acogida en las cortes de justicia . El gobierno no permitía que nadie lo demandara; las reclamaciones eran revisadas por los oficiales del ejecutivo y se sometían al congreso para su consideración, acción y apropiación. Actualmente, sin embargo, en los Estados Unidos se ha establecido un tribunal de reclamaciones, con jurisdicción para ver y juzgar todas las de mandas contra el gobierno basadas en contratos expresos o implícitos. Las decisiones de este tribunal son atestiguadas y remitidas al congreso para su pago, y están también sujetas al examen de la suprema corte de la nación.

EMPLEOS PERMANENTES.

Las obligaciones expresas, claramente definidas en los estatutos y distribuidas en los correspondientes departamentos del gobierno y entre aquellas personas nombradas por el presidente, han creado en los Estados Unidos una organización estable sobre la cual el ejecutivo solo ejerce una muy general superintendencia. Bajo las leyes del servicio civil establecidas en Norte América, inadecuadas como ellas son, en ciertos respectos, la continuidad de empleados en los diferentes departamentos del gobierno está bastante bien asegurada y existen pocos cambios entre una administración y la otra. Así tenemos que hay en Washington, por ejemplo, jefes de divisiones y secretarios de oficinas que han permanecido en sus respectivos puestos por decenios. Son leales al gobierno y no se adhieren a ningún presidente en particular, sea cual fuere su partido. Ellos representan, pues, tanta importancia en el ejército civil de sirvientes, como los oficiales en las filas del ejército militar. Tienen bastante mayor experiencia que los jefes de sus respectivos departamentos, que cambian con cada término presidencial, y sin embargo, su larga vida de fidelidad y competencia en el trabajo, rara vez merece una palabra de estímulo por parte de los superiores. Poseen verdadera filosofía, se conforman con un moderado salario y un puesto permanente; tienen la conciencia de que su labor está bien ejecutada y les halaga la idea de que los superiores pueden depender de ellos.

Aparte de esta operación normal de la vasta máquina gubernativa, en muchos respectos automática, de cuyas funciones oye bien poco el ejecutivo, excepto cuando ocurre algún serio desperfecto o una palpable necesidad de reparación, el camino a seguir por el presidente no está del todo sembrado de flores.

Los preceptos que tiene la obligación de hacer cumplir fielmente no están limitados a los actos del congreso. Ese cuerpo legislativo con frecuencia omite sancionar las leyes adecuadas que faciliten al ejecutivo su curso en caso de necesidad gubernativa y con frecuencia también se ve obligado a establecer una autoridad, obligación constitucional o legal, para suplir esas necesidades.

CUARTA PARTE

DEL INDULTO.

La facultad del ejecutivo para conceder gracia o suspender ejecuciones de pena de muerte, incluye no solo el perdonar a un hombre después de sentenciado, sino que se hace extensiva, al acto criminal antes del juicio y hasta antes de la acusación.

Constituye éste uno de los actos más difíciles de desempeñar con que el ejecutivo cuenta. Todo se deja a su arbitrio, y la única regla que tiene a seguir es que no ha de ejercer su facultad al respecto en desmedro de los intereses del pueblo. El delito cometido por la persona de cuyo caso se trata, es generalmente admitido, y aunque no lo sea, el fallo de la corte da por sentada la cuestión en todos los casos menos en alguno que otro aislado.

El problema que el presidente tiene que resol ver es si, bajo circunstancias peculiares de presión, puede poner en práctica la clemencia sin destruir el buen efecto que persigue la última pena, de apartar a los otros del camino criminal. El resultado ordinario del castigo humano es generalmente que aquellas personas cercanas al criminal o que directamente dependen de él, sufren, en muchos casos, más que el reo mismo y su angustiosa situación con frecuencia proporciona una defensa para mitigar la pena impuesta. Existe en Estados Unidos un régimen adecuado en el departamento de justicia, donde todos los casos se examinan detenidamente por un procurador general, quien concreta el asunto y lo somete después al ejecutivo con su examen o fallo, el que facilita al presidente su determinación con cierta seguridad de acierto.

Durante mi presidencia he tenido dos casos no tables que atender de esta naturaleza, en los cuales, después de cerciorarme cuidadosamente de que el estado de enajenación mental en ambos sujetos no había sido falsamente presentado, me incliné a ceder a las peticiones y concedí el indulto, en la seguridad de que los criminales habían obrado como dementes. Uno de ellos murió en la prisión y en consecuencia cumplióse su destino; pero el otro, que aun vive hoy, goza de mejor salud en todos sentidos que cuando entró en la penitenciaría y desde que fue sentenciado a prisión en lugar de la última pena, su estado es el de un hombre completamente normal.

Se me ha sugerido que bien pude revocar el indulto, después, en este caso, y en vista del cambio que se efectuó en la salud del reo, evidenciando que su estado mental había sido falseado; pero no presté nueva atención al asunto por cuanto había anteriormente ordenado una severa investigación y no se encontró que existiera fraude alguno.

Sin embargo, comprendo que constituiría un interesante y novel caso el procedimiento de revocar un indulto del ejecutivo, aunque a decir verdad, dudo que pueda encontrarse para ello poder justificado alguno. Se ha dado casos en que después que la corte ordenara conceder cartas de naturalización, han seguido procesos judiciales para declararlas fraudulentas; pero la analogía apenas puede existir entre tal orden y el acto de gracia y clemencia del ejecutivo que proporciona la libertad a un delincuente, puesto que su revocación debe, en caso de llevarse a cabo, volver el reo a la cárcel.

RELACIONES EXTERIORES.

Otra de las facultades del presidente, entre las más notables a que vengo haciendo referencia, es la pertinente a las relaciones exteriores.

La facultad ejecutiva sobre los asuntos domésticos de toda la nación se divide entre el presidente y los gobernadores; la legislativa entre el congreso nacional y los legisladores del estado y la judicial entre las cortes federales y del estado.

En cuanto se refiere a las relaciones exteriores, sin embargo, solo hay un poder ejecutivo, uno legislativo y uno judicial, todos federales. El presidente recibe a los embajadores extranjeros y nombra y acredita los de su país en otras naciones, lo que le convierte en único representante para tratar todos los asuntos relacionados con las demás naciones.

Concluye y firma tratados y ni las resoluciones del congreso ni las del senado controlan sus actos al respecto; pero una vez concertadas no tienen fuerza sobre la nación sin el consentimiento de las dos terceras partes del senado. Se entiende que cuando la naturaleza del tratado requiere para su validez acción legislativa, como por ejemplo, la aprobación de fondos nacionales para efectuar pagos estipulados en el tratado, la negligencia del congreso o su negativa puede deshacerlo, pero no altera el efecto de sus obligaciones.

Una nación soberana, después de formalizar un contrato, tiene el poder de suspenderlo, aunque para ello tenga que violar su promesa de buena fe cometiendo un acto anormal, de lo contrario deja de ser soberana. Por consiguiente, la cámara podrá sancionar una ley que sea obligatoria en las cortes y en el pueblo dentro de su jurisdicción, aunque con ella viole las obligaciones impuestas por un tratado. Así como un acto del congreso puede abrogar un tratado que funcione a manera de ley municipal, así también un tratado puede anular un acto del congreso si el tratado en cuestión contiene cláusulas cuya naturaleza lo hagan funcionar como ley y sean inconsistentes con los estatutos en vigor. No poca confusión suele resultar de estos principios para los legos en la materia, pero el ejemplo está perfectamente claro cuando es comprendido.

Durante mi presidencia recibí la comunicación de una persona preguntándome si no existía patente debilidad por parte de la corte suprema en lo que se refiere a compeler otras naciones a cumplir con los compromisos que estipulan sus tratados con la nuestra.

La corte sólo puede hacer cumplir la ley tal como existe, y así como un tratado es una ley, también lo es un estatuto, y lo que llega después anula lo anterior con lo cual es inconsistente. Obrar en otra forma sería concederle a un tratado, reconocido como ley por la constitución, no la fuerza de ley, sino el valor de la limitación constitucional.

La simple facultad de recibir a los embajadores parecería indicar a primera intención que el presidente debe abrirles las puertas de la casa de gobierno y agasajarlos en forma amistosa y familiar, pero en la realidad significa bastante más.

El presidente dirige toda la correspondencia con los otros países por intermedio del ministerio de relaciones exteriores.

Una vez hechos los tratados, corresponde a él entablar las negociaciones con los gobiernos de que se trata, respecto a la construcción práctica de los mismos. Cuando un ciudadano presenta una reclamación ante un país extranjero, el presidente, por medio del ministerio de referencia, debe formular las quejas; haciendo constar los principios en que ellas se basan. En el caso inverso, cuando los ciudadanos o súbditos de otras naciones presentan reclamos contra la nuestra, deben ser atendidos por el mismo ministerio, y mientras esa de pendencia no tiene poder para autorizar el pago, puesto que éste lo ejerce el congreso, puede, sin embargo, asentir a dicha reclamación en tal forma, que siente un precedente contra el gobierno.

El recibir y nombrar embajadores extranjeros, y lo que es más, reconocer otros gobiernos, equivale necesariamente a determinar quién es en realidad el jefe de la nación. Por lo tanto el presidente tiene el poder y la obligación de reconocer o rehusar a las personas que pretenden ser acreditadas oficialmente, ante el gobierno. Esta facultad de admitir o rehusar, reviste, con frecuencia, la mayor importancia y depende exclusivamente del ejecutivo. Hemos palpado su eficacia no hace mucho en el caso del presidente de los Estados Unidos en rehusar reconocer a Huerta como presidente de México, lo que implicó su caída del poder debido a que lo privó de conseguir apoyo financiero que le hubiera ayudado probablemente a batir las fuerzas militares en contra suya. Ahora mismo surge una cuestión parecida entre Carranza y Villa, también en México, donde se ve que el gobierno reconocido ejerce mayor poder y por consiguiente tiende a mejores resultados materiales.

Durante mis cuatro años en la presidencia siempre tuve gran interés por asegurar la adopción general de tratados de arbitraje que ventilaran todos los asuntos justificados que puedan surgir entre las naciones. Traté de conseguir la ratificación por el senado, de tratados de esta naturaleza que yo mismo había hecho con Francia y la Gran Bretaña; pero esa cámara rehusó confirmar dichos tratados, excepto con enmiendas de tales límites que me pareció inútil toda tentativa de llevarlos a cabo.

El punto decisivo era en este caso saber si el senado tenía poderes para convenir si todas las cuestiones de cierta importancia debían o no ser sometidas a arbitraje, dejando a esa tribuna el asunto de jurisdicción, esto es, el de decidir si una controversia futura envolvería asuntos de esta clase. Sabios senadores alegaban que esta sería una delegación sin fuerza de las funciones del senado a un tribunal de arbitraje. Tal no resultaría más delegación de la autoridad del senado, sin embargo, que la del presidente, porque las funciones de esa cámara no son más sagradas ni más necesarias para concertar un tratado, que lo es el acto que el presidente desempeña. Confieso que nunca he podido apreciar la causa en que se fundaba el senado para argumentar negativamente por lo que a este asunto se refiere.

En cuanto a si la jurisdicción de un tribunal para escuchar asuntos de esta naturaleza y decidir si ellos están dentro del grupo sobre los cuales el tratado tiene poder legal, es cosa que pertenece a la construcción del tratado mismo y esa interpretación del tratado es una de las materias más comunes que tienen lugar entre las naciones sometidas a arbitraje.

En vista del actual conflicto europeo no podernos decir que el asunto reviste hoy una necesidad imperativa, pero una vez terminada la guerra, en que las naciones quedarán gastadas, posible sea que vuelvan sus miras hacia los tratados de arbitraje bajo otro punto de vista harto distinto de lo que fueron considerados hasta la fecha.

QUINTA PARTE

EL PRESIDENTE, LOS NOMBRAMIENTOS Y LAS CÁMARAS.

Quedan en los capítulos anteriores, y a grandes rasgos, definidos los principales poderes del ejecutivo de acuerdo con la constitución federal. En teoría las facultades del presidente, tanto ejecutivas como legislativas, son independientes y segregadas, pero no es siempre fácil definir sus límites, esto es, decir donde debe terminar el control y dirección ejecutivos y donde comienza su discrecional independencia de acción.

Teóricamente todos los oficiales del gobierno nombrados por el ejecutivo, ya directa o indirectamente, son sus subordinados, y sin embargo, el congreso puede sancionar leyes terminantes limitando su arbitrio y ordenándoles el curso a seguir, sin que el presidente tenga el poder de cambiarlo. Por otra parte, el congreso está autorizado para ampliar las facultades de aquellos nombrados por el primer magistrado sin que éste a su vez pueda refrenarlas.

Tenemos así que el jefe de la tesorería, por ejemplo, teniendo el deber de aprobar los pagos que deben hacerse de los fondos públicos y de retirar su fianza del tesoro, a él únicamente incumbe decidir si es un acto legal el que retire su propia fianza o warrant. Dicho jefe obra, pues, en forma casi judicial en sus sanciones y no está en manera alguna sujeto a la dirección del presidente que lo nombró.

Exactamente en el mismo caso se encuentra el ministro del interior al sancionar los asuntos que se refieren a las reclamaciones sobre tierras. Por lo que respecta o la corte de justicia en dictar la acción de un oficial de los tribunales y una orden contraria dada por el presidente de la república, dicho oficial está obligado, por ley, a seguir las instrucciones de la corte, y en el caso de que al oficial se le opongan obstáculos y pida al presidente el uso de tropas para allanar la obstrucción, a éste no se le puede obligar a que tome medidas.

La regla parece ser que el congreso no debe controlar por legislación los poderes constitucionales del presidente cuando aquella limita en alguna forma el arbitrio que la constitución plenamente le concede.

EL EJECUTIVO Y LOS ASCENSOS EN EL EJÉRCITO.

Los límites del presidente para hacer nombramientos sin la sanción o control del congreso se han puesto manifiestamente de relieve en la actual administración de los Estados Unidos. Un comandante del ejército, que tenía, según los estatutos que regularizan las promociones, derecho al ascenso, debido a una plaza vacante, no era, según el parecer del presidente Wilson la persona que mereciera un ascenso, y por consiguiente, haciendo de él caso omiso, nombró a otro oficial que le seguía en rango, para llenar la vacante. El procurador que tuvo cartas en el asunto, rindió su informe al respecto diciendo que en su opinión no podía limitársele al presidente, en sus nombramientos de jefes del ejército, en cuanto a ascensos se refiere, por medio de las leyes contenidas en el acta de la organización militar.

Ignoro las medidas tomadas por el senado al respecto, pero se trató, mediante ciertos procedimientos en la corte, de evitar se hiciera a un lado al comandante que tenía el derecho al ascenso, mas, la facultad legal de la corte, no fue sostenida. Mientras el congreso no sancione como ley una regla de elegibilidad para ascensos en el ejército y la armada y mientras el presidente por su parte rehúse someterse a esa ley, es difícil ver cómo la alta cámara puede ejercer una facultad estipulada por la constitución nacional para formar y mantener ejércitos. Las leyes de elegibilidad para ascensos paréceme que constituyen la autoridad de regularizar las fuerzas del ejército, por consiguiente, nadie puede obligar al presidente a efectuar nombramientos, y, por otra parte, el único método que existe para evitar que lo haga otro que el especificado por la constitución, es que el senado rehúse confirmar el nombramiento. Si el senado lo sanciona, entonces, el contador general de la nación, lo reconocerá como desempeñando legalmente el cargo, al cual fue asignado y confirmado. Por mi parte no veo cómo la validez de la acción del presidente y la del senado pueden al respecto ser probadas y destruidas. Este es uno de los numerosos ejemplos en que la constitución es prácticamente construida por el presidente sin la intervención de la corte.

LOS INFORMES, EL EJECUTIVO Y LAS CÁMARAS.

Tenemos después la cuestión de sonsacar informes del presidente, que, por lo que a los Estados Unidos se refiere, viene constituyendo una animada controversia entre las cámaras y el ejecutivo desde la época de George Washington. El presidente ha insistido y mantenido en todo tiempo que; mientras cualquiera de las dos cámaras está en su derecho de solicitar informes, no puede exigirlos si el ejecutivo considera su revelación incompatible, en alguna forma, con el bien público.

El juicio seguido en los Estados Unidos contra Aaron Burr, por traición, nos proporciona un excelente ejemplo sobre la materia. El procurador general dirigió al presidente Jefferson una "subpoena duces tecum" requiriéndole se presentara con los documentos correspondientes al acto; pero Jefferson se limitó a escribirle una carta al pro curador negándose a cumplimentar sus órdenes y basando su negativa en que asistir a la cita se interponía a sus deberes oficiales. Este hecho ha formado desde entonces un precedente en Norte América.

Otro caso notable ocurrió durante el período del presidente Grant cuando la cámara de representantes era democrática. El general Grant era acerbamente criticado porque se pasaba los días más calurosos del verano en la playa, y la alta cámara pasó una resolución pidiéndole informara qué número de funciones ejecutivas desempeñaba fuera de la casa de gobierno. Que la pregunta exasperó al general es evidente por la forma en que declinó dar la información. Comenzó por no admitir que según la constitución estaba obligado a desempeñar sus funciones en la Casa Blanca y siguió mostrando, por medio de hechos históricos, que muchas de las funciones oficiales de presidentes anteriores fueron desempeñadas fuera de la capital federal. Más aún, hizo una minuciosa exposición mostrando el tiempo exacto que cada uno de sus predecesores dejaron de asistir a la casa de gobierno, por la cual se vino en conocimiento de que el presidente que más tiempo estuvo ausente de Washington fue Jeffersen, quien pasó más de una cuarta parte de su término presidencial en una estancia lejana. Esto puso fin, sin otros resultados, a la curiosidad de los demácratas de la alta cámara.

Terreno vedado a la legislatura.

Hay otro terreno oficial del ejecutivo que autorizadamente no puede ser invadido por la legislatura, y es el que se refiere a impedir al presidente que haga uso del ejército para hacer observar las leyes. La constitución le exige que ha de cuidar de que ellas sean fiel y legalmente ejecutadas y fue nombrado comandante en jefe de las fuerzas de mar y tierra, evidentemente con el propósito de que pueda cumplir sus deberes hacia el respeto a la ley por medio de las fuerzas bajo su mando inmediato, si se hace necesario. Si el congreso dijera que no puede hacer uso de esas fuerzas con tal objeto, equivaldría a entrometerse en un acto del poder ejecutivo que parece haber sido previsto por la ley fundamental.

Claro está que ningún congreso va a poner en juego el derecho de indulto; ni pretenderá tener control sobre el presidente en su administración de las relaciones exteriores para iniciar tratados; en el manejo de la correspondencia, ni en la trasmisión de mensajes o resoluciones relativos a otros países y que expresen la opinión de la cámara, pero si lo hiciera, el presidente impediría su trasmisión.

Durante mi período presidencial el senado de Washington sancionó una resolución dirigida a revocar el tratado con Rusia de fecha 1832, y redactada en términos que habrían sido ofensivos para aquel imperio, propuesta que fue votada tan unánimemente que no cabía la menor duda iba a ser aprobada también por la otra cámara. Pronto me di cuenta de que tendría por resultado alterar nuestras relaciones con Rusia, en forma a todas luces inconveniente. El tratado era muy antiguo y su construcción con frecuencia había motivado controversias entre las dos naciones; por consiguiente, para obviar lo que me pareció produciría trastornos innecesarios en nuestras relaciones exteriores, le indiqué personalmente la situación al embajador ruso, aconsejándole que a mi ver convenía anular el tratado, lo que, como presidente, tenía yo el derecho de hacerlo a su debido tiempo, por medio de una nota redactada en tono amistoso y cortés, acompañándola de una invitación para que comenzara las negociaciones de un nuevo tratado. Habiendo procedido así, lo notifiqué al senado, y esto influyó para que los miembros más sensatos de esa cámara substituyeran su demanda por la aprobación de mis gestiones y en esa forma se evitó tan peligroso documento.

SEXTA PARTE

LOS DISTURBIOS, EL EJECUTIVO Y LA FUERZA MILITAR.

Antes de dar por terminada esta serie de disertaciones sobre aquellos puntos más descollantes de la presidencia, voy a decir algo respecto a las huelgas, tomando como base la más formidable que ha tenido lugar en los Estados Unidos durante la administración de Mr. Roosevelt. En su obra titulada: "Notas para una posible auto biografía", Mr. Roosevelt, dice lo siguiente:

"El factor más importante para obtener el verdadero espíritu de mi administración, a parte de una insistencia sobre el buen ánimo, la honorabilidad y un deseo genuinamente democrático de servir al pueblo común, fue mi perseverancia sobre la teoría de que las facultades del ejecutivo eran limitadas únicamente por las restricciones y prohibiciones contenidas en la constitución o impuestas por el congreso amparado por sus poderes constitucionales. Mi modo de ver las cosas del gobierno, fue siempre que todo oficial ejecutivo y muy especialmente los de alta posición, son los sirvientes del público, obligados activa y afirmativamente a obrar en cuanto posible les sea en favor del pueblo. Siempre he mantenido la creencia de que, no sólo es el derecho, sino el deber, la obligación de todo sirviente del público, hacer lo que el país demande de él, salvo que su acción fuera cohibida por la constitución o por las leyes.

"De acuerdo con esta forma mía de interpretar los deberes del poder ejecutivo, hice y causé hacer actos nunca pensados antes por presidentes o jefes de departamento alguno. No usurpé las facultades, pero sí, amplié grandemente el uso del poder ejecutivo. En otras palabras: actué estrictamente por el bien común de todo nuestro pueblo, siempre y en todas las manifestaciones que se hicieron necesarias, salvo, como dejo dicho, donde me lo impedía directamente la constitución nacional o los actos legislativos".

Mi propia opinión al respecto es que esta doctrina resulta casi siempre insegura y que puede conducir, en ciertas emergencias, a resultados de un carácter arbitrario, haciendo irremisible in justicia al derecho privado. El muelle o signo real de este punto de vista, es que el ejecutivo tiene a su cargo la responsabilidad del bienestar de todo el pueblo de una manera general, es decir, que desempeña el papel de una providencia universal para arreglar todas las cosas y que debe hacer cuanto a su juicio favorezca al público, a menos que le esté expresamente prohibido.

El ancho campo de acción que dicha forma proporciona al ejecutivo, apenas puede ser señalado, a causa de su indefinida capacidad. Baste decir que durante su administración, Mr. Roosevelt ha mostrado hasta qué punto creyó que estos principios le permitían justificadamente llegar, en lo que se refirió a la crisis del carbón, debido a la intensa huelga, en cuya emergencia tanto bien hizo al país Mr. Roosevelt con su solución.

Lo que realmente se consiguió fue el resultado de su admirable actividad, su inmenso poder para influenciar la opinión pública y el efecto producido por el prestigio de sus buenos oficios en acercar los partidos en controversia – las empresas mineras y los huelguistas – a un arreglo legal por medio de arbitraje. Nadie siente mayor admiración que la que yo siento por el positivo valor que representa cuanto al efecto hizo Mr. Roosevelt. Pero si hubiera fallado en su buen propósito el entonces, presidente, se proponía poner en acción los principios de aquellos amplios poderes del ejecutivo a que hice referencia, citando sus propias frases. Transcribo del mismo libro arriba mencionado los siguientes dos párrafos, en los cuales Mr. Roosevelt define claramente sus propósitos al respecto:

"Planteaba ya, en mi propia imaginación, la acción efectiva a tomar, pero era de un carácter excesivamente drástico y no deseaba ponerla en juego hasta que, agotados todo los medios convenientes, se hiciera necesario... Estaba resuelto a que, en una u otra forma, mi intervención acabara de una vez con la huelga de los mineros. Para conseguir este fin hacíase necesario que las minas afectadas funcionaran y, si no podía concertar un arreglo voluntario entre las partes en pugna, me proponía formar una comisión de arbitraje sobre la que el pueblo tuviera tal confianza que me ayudara, sin mayor dificultad, a imponer sus condiciones a las partes en conflicto.

* * *

"Entretanto el gobernador de Pennsylvania (estado en que existía la huelga) tenía listas todas las fuerzas militares en las regiones mineras, aunque sin efecto alguno sobre el funcionamiento de las minas. El método de acción por el cual había hecho ya mi propósito de conseguir que el gobernador del Estado de Pennsylvania me solicitara mantener el orden. Después pensaba poner la milicia bajo el mando inmediato de un general de primera clase, recomendándole conservara el orden absoluto, tomando cualquier medida, del carácter que se hiciera necesario, para evitar que los huelguistas o sus simpatizantes intervinieran con los hombres que deseaban trabajar. Entraba también en mis cálculos darle instrucciones al gobernador de remover todos los obreros provisionales y hacer funcionar las minas por soldados, en calidad de síndico, mientras la comisión rendía su report y hasta que yo pudiera, como presidente de la nación, librar nuevas órdenes de acuerdo con lo que me sugirieran las medidas aconsejadas por la comisión citada".

Vemos, pues, claramente, que Mr. Roosevelt pensó no solo suprimir el orden, sino terminar la crisis del carbón, que tan notablemente perjudicaba al país, y se proponía hacer uso del ejército de los Estados Unidos para hacer funcionar las minas, obviando, o, por lo menos, mejorando la falta de ese combustible. Era pues la vindicación de una elevada ley y de sus obligaciones en hacerla ejecutar, lo que constituía un nuevo paso nunca dado por el presidente de una república constitucional.

Por sus propias manifestaciones es evidente que no era la supresión de la anarquía reinante y el mantenimiento del orden y de la ley en Pannsylvania el "único terreno" sobre el cual basaba Mr. Roosevelt sus propósitos de acción. Ha usado de la frase "conseguir" que el gobernador del Estado le solicitara mantener el orden por medio de la milicia y, entonces, habiendo obtenido una autorización formal de hacer uso del ejército para suprimir el desorden, se proponía administrar también la propiedad privada en beneficio del pueblo. Me aventuro a dudar si, llegado el caso habría procedido Mr. Roosevelt en tal forma, y creo, por el contrario, que habría escuchado a los que mejor conocían las limitaciones que le impuso el juramento prestado al tomar posesión de su alto cargo.

Entiendo que hay muchas gentes que, guiadas por su interés en la comunidad, creen en la apropiación, por parte del gobierno, de todas las cosas que revisten alguna comodidad pública; pero tengo para mí que son únicamente aquellos sostenedores de las doctrinas extremadas los que defienden el uso del ejército para embargar o secuestrar propiedades sin estar aprobado por las enmiendas constitucionales o por la acción legislativa y judicial.

Mr. Roosevelt, en sus observaciones subsecuentes parece encontrar justificado este punto de vista general de las limitaciones del poder ejecutivo en lo que el presidente Lincoln hizo durante la guerra civil de los Estados Unidos. El presidente Lincoln, con el peso de la guerra intestina más grande que conocieron los tiempos modernos, se sintió justificado en hacer cosas cuya sanción constitucional fue seriamente discutida, pero siempre expresó la clase de autoridad que, en su concepto, justificaba los actos, y existía en todas sus cosas cierto motivo poderoso para mantenerse dentro del punto de vista por él tomado. Y hasta me aventuro a pensar que su derecho para suspender el recurso de "habeas corpus" estaba bien fundado. El congreso le concedió seguramente ese derecho y la corte suprema apoyó su acción de acuerdo con el acta dictada por las cámaras. Su famosa proclama de emancipación fue denunciada como una función anticonstitucional en autoridad, pero él la defendió como comandante en jefe, justificada por las necesidades militares para debilitar a los enemigos de la patria y contener la revolución.

CONCLUSIONES.

He terminado así de bosquejar aquellos poderes más sobresalientes del ejecutivo y espero haber mostrado que ellos son limitados, tanto como es posible limitar una facultad consistente con la discreción y rapidez de acción esenciales para proteger los intereses nacionales en caso de emergencias, negligencia legislativa o inacción.

En ningún país que goce del sufragio libre hay que temer la tiranía de un presidente de carácter atrevido a quien el pueblo no sostenga en sus actos. La ausencia de apoyo popular tendrá seguramente la virtud de retirarle, en el curso de dos años, por lo menos la simpatía de una de las cámaras, y con el control que esa cámara tiene sobre las apropiaciones, el brazo ejecutivo puede paralizarse a menos que recurra a un "coup d'État", lo que equivaldría a una acusación pública, convicción y destitución. El único peligro existente en la acción del ejecutivo, según las limitaciones en vigor y la ausencia de limitaciones de sus facultades, es cuando su popularidad es tal que pueda estar seguro del apoyo electoral, y, por lo tanto, del congreso, así como cuando la mayoría legislativa en las cámaras responde con solicitud y servilismo a su voluntad.

La constitución prodiga al presidente una amplia discreción y grandes facultades, lo que es perfectamente justo, en cambio de la actividad y energía que le exige para que dentro de su esfera de acción cumpla con lo que sus grandes responsabilidades y oportunidades requieren. El primer magistrado de la república no es una simple figura y es completamente justo y natural que un pueblo ilustrado, enérgico, activo y previsor, que anhela un buen cumplimiento en los deberes hacia la patria, confíe en su propio discernimiento para la elección de un jefe de gobierno y, habiéndolo así elegido, ponga en sus manos toda la facultad necesaria para el buen éxito de sus propósitos de gobernante, por grandes que ellos sean.

*La presidencia sus deberes,
sus poderes, sus oportunidades y sus limitaciones*
de
WILLIAM H. TAFT
se imprimió en la República Argentina en
octubre de 2020.